W0416821

*Christopher S. Hagen**

Kopfgeld 20000

*Träger des Gerstäckerpreises

Authentic Western

Christopher S. Hagen

Kopfgeld 20000

Der Roman einer mörderischen
Verfolgungsjagd
durch die Wüste Gila

Herder
Freiburg · Basel · Wien

Vierte Auflage

Alle Rechte vorbehalten – Printed in Germany
© Verlag Herder KG Freiburg im Breisgau 1972
Herstellung: Freiburger Graphische Betriebe 1975
ISBN 3-451-16259-8

Inhalt

Einführung: Ein Brief mit Folgen

Es war ein purer Zufall, daß ich am 26. August 1971, von Flagstaff nach Prescott (Arizona) fahrend, mein vollklimatisiertes Mobil-Home für sechs Personen nach der Geisterstadt Jerome lenkte. Ich habe so viele Minenboom-Geisterstädte gesehen, die sich alle gleichen, daß es mir auf die eine gar nicht mehr angekommen wäre. Der Touristenrummel um diese an den Highways liegenden „Ghosttowns" ist überall derselbe. Es lohnt sich nicht, die ewig gleichen Stories anzuhören und festzustellen, daß man es mit Übertreibungen und Vereinfachungen zu tun hat, die alltägliche Geschichten zu welterschütternden Tragödien aufblasen.

Für eine dieser üblichen „Schieß-und-Stich-Stories" hielt ich auch das, was mir ein freundlicher, alter Herr, Carl G. St. John, an einem drückendheißen Sommertag erzählte. Wir tranken Eisgekühltes, genossen die Kaltluft der häuslichen Klimaanlage und den feuerroten Sonnenuntergang. Ich bestaunte alte Brandeisen, sonnenverfärbte Originalflaschen, alte Goldwaschpfannen und eine feine Nuggetsammlung. Und dann einen Brief, den der Großvater des Hausherrn am 21. Juli 1878 erhalten hatte:

„Vorgestern ist Johnny Carruther, Hamp Carruthers Sohn, im Lonssome Valley auf dem Gebiet der Sundown-Ranch bei einer Schießerei von Jim erschossen worden. Ich kenne diesen Jim flüchtig, ein imposanter Mann, der sicherlich einen Nachnamen hat, aber ich habe nie einen gehört. Ich weiß nur, daß der alte Hamp ihn vor vier Jahren schwer verletzt im Busch fand, ihn gesundpflegte und ihn wie einen Sohn aufnahm. Erst vor einer Woche hieß es, daß Hamp ihn in seinem Testament wie seinen eigenen Sohn bedachte, also mit der Hälfte der ganzen Ranch.

Die allgemeine Empörung ist ganz verdammt groß, und ich konnte nur erfahren, daß es einen Tag vor der Schießerei einen großen Viehdiebstahl gegeben hat und daß Johnny einen Kopfschuß erhalten hat und sein Freund Nat King ebenfalls einen Kopfschuß erhielt und sein Freund Bonney Gonzales schwer verwundet in der Dunkelheit entkommen sein soll. Er sagte bei Deputy-Sheriff Matt Larkin aus, und der hatte gleich die Nase tief auf Jims Spur. Der alte Hamp hat 20000 Dollar Belohnung ausgesetzt und will dafür Jim lebend *haben. Wer Matt Larkin kennt, der weiß, daß er das Geld bereits so gut wie in der Tasche hat, denn einen härteren Brocken von Mann als ihn gibt es nicht. Der alte Hamp will Jim die Schlinge persönlich um den Hals legen. Den Strick für Jim hat er auf dem Schoß liegen, wo immer er mit seinem Rollstuhl auftaucht. In Jerome warten der Richter und die Jury der Geschworenen, und wir hier in Prescott warten nur darauf, daß Jim zurückgebracht wird; dann werden wir hinfahren und uns das Schauspiel ansehen, wenn dieser Kerl aufgeknüpft wird. Also halte Dich bereit. Du kannst jeden Tag ein Telegramm kriegen, und dann setz dich in die Postkutsche und komm auf dem schnellsten Wege her, damit du das auch mitkriegst.“*

Bruce (W. O'Neill)

George St. John, der Briefempfänger, wartete, aber der ominöse *Jim* wurde von Sheriff Matt Larkin nicht zurückgebracht, die grimmigen Geschworenen warteten vergebens, der Richter von Jerome wandte sich anderen Dingen zu, der alte Hamp Carruther legte die Seilschlinge weg und starb. Eine anhaltende Dürre vernichtete das Weideland der Sundown-Ranch, die Stadt Jerome starb, als das Goldschürfen sich nicht mehr lohnte. Eine Story wie viele andere. Wirklich?

Ich fuhr über Wickenburg, Phoenix weiter nach Tucson, um dort eine Reportage über die Filmstadt Old Tucson (High Chaparral) zu machen, und von dort durch die Papago-Reservation nach Gila Bend. Und hier, am Rande des Highway 86, bei Maish Vaya, in einer kleinen, heißen Tankstelle mitten in der Wüste, passierte dann dies:

Weil ich immer nach alten Zeitungen, Stories und anderen Überresten fragte, deutete der Tankwart, ein kleiner, dicker, fast negerschwarzer junger Papago-Indianer, auf einen alten Schuppen. Wenn es keine teuren Luftfrachtraten, keine Zollgebühren gäbe, dann hätte ich am liebsten gleich den ganzen Schuppen mitgenommen. In einer Kiste lag ein dünner Packen alter Zeitungen, im feuchtigkeitslosen Wüstenklima wohl erhalten. Es waren zwei Jahrgänge des *Quijotoa Prospector*, einer vierseitigen, sechsspaltigen Wochenzeitung, deren Text mit mindestens vier Dutzend verschiedenen Schrifttypen gedruckt war und in der der Chefredakteur jeder Frau, die ihm sechs Abonnenten brachte, die Ehe versprach. Und die Ausgabe vom 14. Oktober 1878 enthielt folgende Nachricht, die mich elektrisierte:

„Drama in der Gila-Wüste – Wer ist der Mann, der sich Jim nennt? Und wer ist der Mann mit dem Sheriff-Stern, den Jim auf dem Rücken trug? Ist dies eine Handschellen-Story? Eine Tragödie oder eine Groteske? Wir werden es wissen, wenn Jim wieder aufwacht und mehr als nur „Wasser" sagt. Nach Tucson zum Doktor kann keins der beiden männlichen Gespenster gebracht werden. Der muß schon geholt werden. Mrs. Blane ist über Nacht zur Amme zweier Männer geworden, die eine hohe Anwartschaft auf einen feinen Platz in unserem Friedhof haben. In der nächsten Ausgabe mehr."

Die nachfolgenden Ausgaben waren nicht volllständig. Zwei fehlten ganz, bei dreien fehlte eine Doppelseite. Aber was in den anderen über „den Mann, der sich Jim nennt", und Sheriff Matt Larkin, den „lebenden Toten", zu lesen war, ist nicht Stoff für einen Roman, das *ist* ganz einfach ein Roman.

I

Jenseits der Grenze

„Wenn im Sommer die Sonnenstrahlung ihre größte Kraft erreicht, hört in der Gila-Wüste alles Messen der Temperaturen auf, sagt man – weil das Quecksilber eintrocknet! Alles vertrocknet: Wagen vertrocknen, Menschen vertrocknen, Hühner vertrocknen, es bleibt in nichts Saft zurück, weder in Lebendem noch in Totem. Man sagt, daß Offiziere und Soldaten bei jeder Bewegung knarren wie alte Türangeln, und von Maultieren heißt es, daß sie nur gegen Mitternacht schreien können. Man weiß, daß Tierkadaver schon nach zwei Tagen in ihrem Innern zu rasseln

beginnen, wenn die trocknenden Eingeweide zerfallen. Und Klapperschlangen werden so trocken, daß sie sich nicht mehr krümmen können, und Hornfrösche sterben am Schlaganfall. Und junge Hähnchen braucht man nur vier Stunden in der Sohne herumlaufen zu lassen, dann streifen sie am nächsten Zaun Haut und Federn ab und fallen gebraten um. Und Schinken kann man mit dem Löffel essen. Und die Indianer sitzen im Gila River mit Schlamm auf dem Kopf und verhindern durch ständiges Untertauchen im Wasser, daß sie geröstet werden, aber immerhin – wenn der Sommer dann vorbei ist, sind sie halb gar gekocht. 46 bis 52 Grad im Schatten, das sind Temperaturen, die die Gila für Mensch und Tier zu einem Krematorium machen.“

J. Ross Browne in:
Adventures in The Apache Country, 1864

Der Wind, immer noch gesättigt mit Sonnenlicht, blies den Sand in dünnen Kristallschleiern wie einen wehenden Vorhang vor sich her, und die Yuccablätter zitterten wie Stahlfedern. Hoch in der Einsamkeit des Himmels bewegten sich träge bronzefarbene Wolken auf den Horizont zu. Auf den buchtartigen Sandhügeln lag eine vielfach abgestufte Beleuchtung wie das Licht von Kerzen auf weißgetünchten Wänden. Die hellen Schatten in einem satten Karmesin, die dunklen in tiefem Violett.

Der Mann inmitten des Petal-Kakteenfeldes, das einen hutähnlichen Hügel bedeckte, lag mit ausgestreckten Beinen auf dem Rücken und starrte bewegungslos in den amethystfarbenen Himmel, der sich allmählich von Westen her weinrot färbte. Nach einer Weile stand er auf, goß aus einem Ziegenbalg Wasser in einen Becher und trank. Er rollte sich eine Zigarette, brannte sie an und ließ sich auf einem Felsblock nieder. Der Wind begann nachzulassen und war schließlich, als die Sonne hinter den westlichen Bergzügen versank, ganz erstorben. Eine Stille, wie sie nur die Wüste hervorbringt, umgab den Mann, der nach einer Weile aufstand und sich auf den Felsen stellte, um sich umzusehen. Nach Süden verlief das Band der Wüste in scharflinigen Wellen bis an den Horizont, unterbrochen von dunklen und ineinanderfließenden Schatten der Mesquite-Dickichte und Kakteenfelder, am Horizont gesäumt von schroffen Bergen. Der Mann hakte die Daumen hinter die Schnalle seines Revolvergürtels und blickte nach Norden. Die Hochebene der Gila-Wüste wirkte jetzt mit ihren zahllosen Schluchten und Erdspalten wie das zerfurchte Leichengesicht eines alten Mannes, über dem der Atem der Unendlichkeit kochte. Die heißen Luftströmungen verliehen der Landschaft Leben, das sie nicht besaß.

Der Mann stieg vom Felsen herunter, ließ sich auf dem Boden nieder und zog die Stiefel aus. Die Fußlappen waren voll Sand, die Strümpfe hatten faustgroße Löcher. Der Mann tränkte ein Taschentuch mit Wasser und begann vorsichtig, seine Füße zu waschen und von einer grauweißen Kruste zu befreien. Zum Vorschein kamen zahlreiche große Hautblasen, die zum Teil aufgeplatzt waren. Das Fleisch darunter hatte sich entzündet und war feuerrot. Der Mann bestrich diese Wunden mit einer grauen Salbe und legte die Beine so über den am Boden liegenden Sattel, daß sich seine Füße frei in der Luft befanden.

Mit einem Rest der Salbe rieb er sich das Gesicht und

den Hals ein, auf denen die Sonne ebenfalls Brandwunden verursacht hatte.

Das Pferd, ein großer, brauner Wallach, hatte sich im Schatten einer Gruppe hoher Bisnaga-Kakteen niedergelegt. Sein Fell war mit jenen handflächengroßen, schwärenden Wunden bedeckt, die bei langen und eiligen Wüstenritten entstehen, wenn sich der Reiter keine Zeit nimmt, salzbedeckte Sonnenbrandwunden sofort auszuwaschen.

Mit dem schwindenden Licht wurde es rasch kühler. Der Mann umwickelte seine Füße, schlüpfte wieder in die Stiefel und hüllte sich in eine Pferdedecke. Er war müde, und er hätte sich jetzt hinlegen und schlafen können, aber das tat er nicht. Er saß auf dem Felsen, regungslos wie eine Statue. Als die Kühle des Abends allmählich der Kälte der Nacht zu weichen begann, erhob sich der Mann wieder und trug einen Haufen fingerdicker Skelettäste von Blaudornsträuchern zusammen. Hierüber stellte er einen Dreifuß, goß etwas Wasser in eine Kanne, mischte Kaffeemehl und Hvisache-Blätter hinein und zündete ein Feuer an.

Der Lichtschein beleuchtete einen großen Mann, der hager wie ein Wolf war und dessen Alter knapp dreißig Jahre betragen mochte. Die Kleidung war fadenscheinig geworden und an vielen Stellen zerrissen und durchgescheuert. Der Mann hatte ein schmales Gesicht mit einem hartlinigen Mund, einer scharfen Nase und tiefliegenden Augen von wasserheller Farbe. Aschblondes Haar wuchs ihm störrisch und glanzlos über die Ohren und über den Kragen seiner Jacke. Aus einem Leinenbeutel holte der Mann steinharte Gewürzbisquits, die er in die Kanne tauchte, aufweichte und genußlos kaute.

Das Feuer verursachte fast keinen Rauch, strömte aber einen beißenden Geruch aus, der dem Mann immer wieder Tränen in die Augen trieb.

Nachdem er gegessen hatte, holte er aus einem zweiten Leinensack zwei Hände voll Maiskörner, Eicheln und ungeschälten Hafer, warf sie in seinen Hut und setzte ihn dem Wallach vor.

Als er im niederbrennenden Feuer herumstocherte, ertönte hinter ihm eine rauhe Stimme: „Hallo, Jim, du solltest jetzt ganz ruhig sitzenbleiben!" Der Mann am Feuer starrte auf den Feuer fangenden Ast, den er in der Hand hielt, und drehte den Kopf. Der Mann, der im Schatten der hohen Bisnaga-Kakteen auftauchte, hielt einen Revolver in der Hand, und auf seiner Jacke leuchtete ein fünfzackiger Silberstern.

„Matt Larkin", sagte Jim, „mit dir hätte ich allerdings am wenigsten gerechnet."

Deputy-Sheriff Matt Larkin ging einen Halbkreis um den Sitzenden herum und ließ sich auf dessen Sattel nieder.

„Wieso, Jim, du weißt doch, daß ich auf deiner Spur bin?" Larkins Revolver war genau auf Jims Kopf gerichtet, und Jim sah, daß der Deputy den Daumen vom gespannten Hahn weggenommen hatte und sein Zeigefinger fest um den Abzug gekrümmt war.

Jim ließ den brennenden Ast fallen und legte beide Hände auf die Knie. Ein grimmiges Lächeln legte sich um seinen Mund.

„Ich möchte wissen, was ein amerikanischer Deputy-Sheriff in Mexiko zu suchen hat."

„Dich, Jim."

Jims Augenbrauen hoben sich hoch, und er blickte den

Deputy an. „Du weißt also, daß wir uns etwa zehn Meilen weit in Mexiko befinden?“

„Die Steintafeln am ausgetrockneten Flußbett waren nicht zu übersehen.“

„All right“, das Lächeln auf Jims Gesicht verstärkte sich. „Dann brauchen wir ja über alles, was nördlich von dieser Tafel liegt, nicht mehr zu reden. Steck den Revolver weg. Den Stern kannst du von mir aus da lassen, wo er ist. Das wäre Sache der Mexikaner. Dort ist noch Kaffee in der Kanne. Du siehst mächtig durstig aus, alter Freund.“

Die Lippen Larkins waren mit dick entzündeten Wunden bedeckt, seine Augen lagen in tiefen Schatten und schienen für Jim hinter schwarzen Astlöchern verborgen zu sein. Gegen Matt Larkin wirkte Jim beinahe frisch und ausgeruht.

„Du irrst dich“, sagte Matt Larkin, und es war offensichtlich, daß ihm das Sprechen nicht nur Mühe, sondern auch Schmerzen bereitete. „Diese sogenannte Grenze ist für mich kein Grund, dich nicht wie einen tollen Hund niederzuschießen, wenn du eine falsche Bewegung machst.“

„Das darf doch nicht wahr sein“, sagte Jim verblüfft.

„Kannst es ja ausprobieren, Jim. Jetzt steh auf, und dreh dich um. Leg die Hände auf den Rücken.“

Jim stand auf und streifte die Pferdedecke ab. Er drehte Matt Larkin den Rücken zu.

„Diese Linie, die sie Grenze nennen, ändert nichts daran, daß du wegen Mordes von mir verhaftet und zurückgebracht wirst. Jetzt die Hände auf den Rücken, Jim.“

Jim legte die Hände auf den Rücken, und Matt Larkin

stand vom Sattel auf. Er holte ein Paar Stahlhandschellen aus der Hosentasche, preßte den Revolverlauf Jim in die Seite und ließ die Handschellen über Jims Gelenk zuschnappen. Dann nahm er Jims Colt aus dem Holster und schob ihn in seinen Hosenbund.

„So", sagte er und steckte seinen Peacemaker ins Holster zurück.

„Ich habe nicht im Traum daran gedacht, daß du mir über die mexikanische Grenze folgen würdest", sagte Jim und ließ sich wieder am Feuer nieder. „Ich hätte dich aus dem Sattel schießen können, statt nur den Wasserschlauch zu treffen."

„Das eine war so gut wie das andere", antwortete Matt Larkin. Er goß aus der Kanne das heiße Getränk in Jims Becher und trank in kleinen Schlucken. Der Schmerz in seinem geschwollenen Mund raubte ihm einen Augenblick den Atem, aber er trank weiter, vorsichtig, bis der Becher leer war.

„Bis zum Golf von Kalifornien sind es von hier noch genau fünfunddreißig Meilen", sagte Jim, er machte eine nickende Kopfbewegung nach Südwesten. „Ich schätze, daß man den ersten Dörfern früher begegnet. Hast du gelesen, was auf dem Grenzstein am Arroyo geschrieben stand, Matt?"

„San Gabriel zweiunddreißig Meilen, das meinst du doch?"

„Genau. Also ist dieser Ort zweiundzwanzig Meilen südwestlich von hier. Und ..."

„...was noch? Rurales, wie?"

„...Wasser, Matt, frisches Wasser."

Matt Larkin blickte Jim lange an. Er schaute über den Rand des leeren Bechers hinweg in das Gesicht seines

Gefangenen und folgte dessen Blick, der sich auf den Ziegenbalg richtete. Dieser Ziegenbalg war schlaff wie eine zweimal zusammengeklappte Decke. Ehe sich der Deputy fragen konnte, wieviel Wasser dieser Schlauch noch enthalten mochte, sagte Jim: „Darin sind höchstens noch zwei Gallonen Wasser, Matt. Das hätte gerade noch für mich und meinen Gaul und für die zwei Tage, die ich bis San Gabriel brauchte, gereicht. In meiner Hemdtasche ist Tabak. Dreh mir eine Zigarette."

Matt Larkin holte aus Jims Tasche das Rauchzeug, rollte eine Zigarette und steckte sie Jim zwischen die Lippen. An seinem Daumennagel zündete er ein Streichholz an.

„Weißt du, wie weit es bis zum nächsten Ort in den Staaten ist, Matt?" fragte Jim und blies den Rauch in Larkins Gesicht. „Tucson liegt fast zweihundert Meilen weit im Osten am Rande der Gila. Aber es gibt auf diesem Wege einen Brunnen, Spells Well, ungefähr hundertfünfzig Meilen. Der Osten kommt also nicht in Frage. Bleibt der Weg, den wir gekommen sind. Nach Gila Bend. Muß ich dir sagen, wie weit das im Norden liegt, Matt?"

„Hundert Meilen", gab Matt Larkin zurück.

„Yeah. Aber wir könnten auch nach Nordwesten reiten, Matt. Yuma am Colorado. Das sind vielleicht nur neunundneunzig Meilen."

„Oder auf direktem Wege zum Gila River."

„Auch gut, das wären vielleicht nur siebzig Meilen. Zwei Pferde, zwei Männer, acht Meilen am Tag und zwei Gallonen Wasser, das längst nicht mehr gut ist! Und diese acht Meilen macht ein Pferd nur, wenn es mindestens eine Gallone am Tag saufen kann." Jim spuckte den Zigarettenstummel ins Feuer. „Ich muß gar nicht danach fragen, in welchem Zustand dein Pferd ist. Du bist ja selber schon ganz krumm und halb vertrocknet vor Durst."

„Ich habe es im Arroyo erschossen", sagte Matt Larkin.

Jim musterte den Deputy aufmerksam.

„So bist du die letzten zehn Meilen zu Fuß gegangen, wie?"

„Stimmt, Jim."

Jim lachte auf. Dann legte er sich auf die Seite, zog etwas die Beine an und gähnte. „Ich will dir was sagen: Du bist verrückt! Übergeschnappt! Oder, warte, jetzt begreife ich es: es geht dir nicht um mich. Es geht dir um das Wasser und um das Pferd. All right, du hast jetzt beides. Leg den Schlüssel zu den Handschellen dort auf den Stein und verschwinde. Aber vergiß nicht, deinen Stern in die Hose zu stecken, wenn du von den Leutchen in San Gabriel Wasser haben willst."

„Gar keine schlechte Idee, Jim", sagte Matt Larkin, und Jim richtete sich jäh auf, starrte ihn an.

„Wie meinst du das?"

„Ich könnte das Wasser und dein Pferd nehmen und mir in dem Ort den Ziegenbalg füllen. Ich könnte ein Maultier und zwei Wasserschläuche kaufen und dich hierlassen."

„Das könntest du", preßte Jim grimmig hervor.

„Aber ich werde es nicht tun."

„Ah, und warum nicht? Das wäre deine einzige Chance, Matt. Du hast keine andere, wenn wir nach Norden marschieren. Du bist eher fertig als ich. Ich werde irgendwo da oben auf dein Grab spucken."

„Ich bin Deputy-Sheriff des Yavapai County. Mein

Trail nach Süden sollte dort zu Ende sein, wo ich dich finden würde. Und das ist hier, nicht in San Gabriel."

„Fein, Matt, wirklich fein. Wir gehen also von hier nach Norden, nicht wahr?"

„Yeah, Jim, genau die Spur zurück, die du gekommen bist. Bis nach Prescott."

„Amen." Jim legte sich wieder hin. „Ich habe es mit einem Wahnsinnigen zu tun. Oder liegt es nur daran, daß du nicht zwei und zwei zusammenzählen kannst? Gute Nacht, Deputy-Sheriff. Und noch eins: Vergiß nicht, die Augen offenzuhalten! Sobald sie dir zufallen, ist der Traum aus, und ich bin wieder am Zuge. Deine Karten sind schlecht, Matt. Überleg dir eins: Wir gehen beide vor die Hunde, wenn wir nach Norden reiten. Du wirst vor mir schlappmachen, und ich werde dich neben irgendeinem Kaktus einscharren. Ohne Wasser komme ich dann auch nicht mehr aus der Gila heraus. Wir könnten aber beide zusammen versuchen, es bis San Gabriel zu schaffen. Aber als freie Männer."

„Gute Nacht, Jim, wir reiten mit Sonnenaufgang", antwortete Matt Larkin.

„All right."

„Halt, Jim, noch eins. Wir wollen das gleich jetzt klären: Ich bin hundemüde und muß schlafen. Wenn ich dich einen Bisnaga-Kaktus umarmen lasse und dann deine Hände zusammenschließe, kann ich das."

Jim warf einen Blick auf einen jener fast drei Meter hohen Säulenkakteen, deren Dornen dicht wie die Bartstoppeln eines Mannes wuchsen und lang wie Dolche waren.

„Ich kann aber auch schlafen, wenn du mir dein Wort gibst, ruhig liegenzubleiben."

„Du vergißt, daß sie in Jerome bereits einen Galgen für mich gezimmert haben.“

„Ich denke, wir kommen nur ein paar Meilen in die Wüste hinein? Jerome liegt doch nach deinen Berechnungen auf dem Mond.“

„Also gut. Die Nacht gehört den braven, müden Buben, die sich nichts antun wollen.“

Es dauerte kaum eine Minute, da begann Jim zu schnarchen. Matt Larkin goß sich aus der Kanne noch einen Becher voll Kaffee und trank ihn in kleinen Schlukken. Er starrte in die verglühende Asche des Feuers. Weit hinter den Wolken leuchtete ein Mond, der nicht zu sehen war. Doch das fahle Licht, das er wie ein Leichentuch über die Wüste breitete, legte einen matten Silberglanz über den verbeulten Zinkbecher, den Matt Larkin zwischen den Händen hielt. Er hatte die Reitstiefel Jims vor sich und die großen Chihuahua-Radsporen. Er griff in den Leinenbeutel und tauchte einen Bisquit in den Kaffee. Über dem Kauen fielen ihm die Augen zu. Matt Larkin neigte sich zur Seite und streckte sich am Boden aus. Es gab keinen Körperteil, der ihn nicht mit Schmerzen peinigte. Das fing in den Stiefeln an und endete mit einem eisernen Reif um den Kopf. Als er einschlief, hatte er das Gefühl, langsam in einen Abgrund hinunterzuschweben.

2

Für 20000 Dollar

„Sechs Maultiere pflegten eine Postkutsche zu ziehen. Aber während der mehr als hundert Meilen durch die Gila-Wüste wurde der Weg auf dem Rücken von Maultieren fortgesetzt, während das Gespann die leere Postkutsche zog. Und da man sich mitten im Apachengebiet befand, war jede Kutsche von einer schwerbewaffneten Armee-Eskorte begleitet. Das alles waren aber nur die elementarsten Vorsichtsmaßregeln, die von den vielen Handicaps nichts nahmen. So wurden zum Beispiel die Holzräder von der Hitze sehr bald so stark ausgetrocknet, daß

die Eisenreifen abfielen und man die Holzräder jede zweite Stunde mit Wasser tränken mußte, damit überhaupt die Reifen hielten. Zweimal im Monat durchquerten diese Kutschen der San Antonio & San Diego Stage Company die Gila-Wüste, und weil auf den Wüstenstrecken Pferde weniger geeignet waren als Maultiere, nannte man die Linie die sogenannte „Jackass Mail". Als am 12. April 1861 die Kanonenschüsse von Fort Sumter den Bürgerkrieg angekündigt hatten, wurde die Postkutschenlinie durch die Wüste eingestellt und nie wieder in Betrieb gesetzt, worüber keiner der unmittelbar Beteiligten eine Träne vergoß."

Edwin Corle in: The Gila, S. 217

„Wenn du es berührst, wirst du gestochen – wenn du es anfaßt, wirst du gebissen –, und wenn du es ißt, bringt es dich um."

Altes Pioniersprichwort über Flora und Fauna der Gila-Wüste.

Es war Jim, der Matt Larkin weckte. Der Deputy-Sheriff richtete sich blinzelnd auf, maß den lächelnden Jim mit einem langen Blick und bemerkte, daß sich die Ocotillo-Kaktusspitzen gegen einen dämmrig erleuchteten Himmel abhoben.

„Ich hätte mich, als du eingeschlafen warst, davonmachen können. Du wärst nicht vor Mittag wach geworden, Matt. Wir hätten damit mindestens einen ganzen Tag verloren."

„Und warum bist du liegengeblieben?" Matt Larkin hatte sich erhoben und dehnte sich reckend die Arme. „Du hast dein Wort gegeben, ruhig liegenzubleiben."

„Irrtum! Ich habe zugesagt, dich nicht während des Schlafes anzugreifen."

„Hm, richtig, Jim." Matt Larkin hob die Kanne vom Dreifuß. Es war noch kalter Kaffee darin. „Steh auf!" Er nahm Jim die Fesseln ab und schloß ihm die Hände vor dem Leib wieder zusammen. Er goß Kaffee in den Becher und reichte ihn Jim. Der trank ihn halb leer und gab ihn zurück. Der Wallach Jims stand an der erloschenen Feuerstelle und schnupperte an dem Leinensack, der sein Futter enthielt. Matt Larkin nahm diesen Sack vom Boden, öffnete ihn und warf einen Blick hinein.

„Warum hast du den Mais mit Eicheln gemischt?"

„Eicheln halten die Flüssigkeit im Körper. Ich werde jetzt selber jeden Tag eine Handvoll davon kauen."

„Die Bisquits reichen für eine Woche, wenn wir nur jeder einen pro Tag essen."

„Und für zwei Wochen, wenn wir nur einen halben pro Tag nehmen", sagte Jim spöttisch. Er bückte sich, streckte beide Hände in den Futtersack, sortierte eine Handvoll Eicheln heraus und schob sie in die Hosentasche. Er schaute zu, wie Matt Larkin dem braunen Wallach den Sattel überwarf, Decke, Ziegenbalg und Leinensäcke an der Lehne festband und seine Winchester 73 am Sattelring festhakte. An den hölzernen Bewegungen von Larkins Füßen erkannte Jim, daß der Deputy sich beim Marsch durch die Gila die Füße wundgelaufen hatte, und er wußte, was es bedeutete, wenn der hauchfeine Kristallstaub in den Lappen die Fußsohlen aufscheuerte. Wer nicht verstand, diese Wunden zu behandeln, erlitt Torturen, die einem den Verstand rauben konnten.

„Der Gaul sieht gar nicht so schlecht aus“, meinte Matt Larkin. „Wie hast du das gemacht?“

„Du kennst die Wüste nicht, wie?“

Larkin schüttelte den Kopf. „Ich komme aus Wyoming, ich bin erst ein Jahr in Arizona. Und wenn ich dich abgeliefert habe, werde ich gleich dahin zurückgehen.“

„Hoffnung ist immer ein schönes Gefühl.“

„Du stammst aus Texas, nicht wahr, Jim?“

„Yeah, und wenn du es genauer wissen willst, die Staked Plains haben viel Ähnlichkeit mit der Gila. Ich bin mit Tausendfüßlern, Klapperschlangen und Skorpionen aufgewachsen.“

„Gut für uns. Diese Erfahrungen werden wir bald brauchen können.“

Jim ging auf Larkin zu. Sie waren beide gleich groß, und jeder von ihnen wußte, daß sie beide von der gleichen Art waren.

„Paß auf“, sagte Jim, „du glaubst doch nicht, daß ich dir den Weg auch noch erleichtern werde.“

„Du wirst alles tun, um am Leben zu bleiben, und ich werde aufmerksam zusehen dabei. Deine Chance, mit mir fertig zu werden, auf die eine oder andere Art, ist fünfzig Prozent.“

„Ich schätze sie höher ein, Matt.“

„Das ist dein Irrtum, Jim.“

„Wir werden sehen. Im übrigen: Ich habe Johnny Carruther nicht erschossen!“

Der Deputy Sheriff blickte den Gefangenen gerade an, und die Blicke der beiden Männer krallten sich ineinander wie Zangen.

„So“, gab Matt dann zurück. „Ich habe dich für einen Mann gehalten, der zu allem steht, was er getan hat.“

„Das stimmt. Ich habe Johnny nicht erschossen. Wenn du aber denkst, daß ich lüge, so behalte es für dich. Wenn du es aussprechen willst, so nimm mir diese Fesseln ab und häng deinen Revolver an einen Kaktus, und ich werde dir zeigen, was es heißt, mich einen Lügner zu nennen."

„Wenn du ihn nicht erschossen hast, wer war es dann?"

„Einer seiner Burschen."

„Und warum bist du geflohen?"

„Hätte mir auch nur ein Mensch im Yavapei-County geglaubt, daß Jonny seinen eigenen Vater bestahl und einer Bande von Viehdieben Tips gab, wo die schönsten Herden abzuholen waren?"

Matt Larkin starrte Jim mit finsteren Augen an.

„Nein, Jim, das hätte dir niemand abgenommen."

„Also, was hätte ich tun sollen? Warten, bis sie mir einen Strick um den Hals gelegt hätten?"

„Schwer zu sagen, das gebe ich zu. Vorausgesetzt, daß es stimmt, was du sagst. Ich glaube dir nicht, und ich weiß warum. Aber wenn es so war, Davonlaufen ist nicht nur schlecht, sondern auch eines Mannes unwürdig."

Jims Gesicht wurde dunkel. Er ballte die Fäuste und preßte die Lippen aufeinander.

„Was weißt du schon von Ehre", stieß er mit heiserer Stimme hervor.

„Na, schön, du hast Zeit genug, deine Story zu erzählen. Ich garantiere dir eine faire Verhandlung, das ist alles, was ich versprechen kann."

„Was soll ich mir noch mehr wünschen, was? Der große Matt Larkin garantiert für einen Haufen von hirnlosen Verrückten! Wenn ich nicht so fest daran geglaubt hätte, daß du fair bist und als Gesetzeshüter mir nicht über die mexikanische Grenze folgen würdest, du hättest keine Chance gehabt!"

„Steig auf, ich setze mich hinter dich."

Mit einem Sprung flog Jim in den Sattel. Er kitzelte den Wallach mit den Sporen, das Tier, solche Mißhandlungen nicht gewöhnt, wieherte und riß Larkin, der die Zügel in der Hand hielt, zu Boden. Jim hatte das Pferd bereits bis an eine Sahuarokakteengruppe gelenkt, ehe Larkin wieder auf den Beinen stand und seinen Colt auf Jim richtete.

„Was denn!" rief Jim mit rauhem Lachen, „wenn du schießt, triffst du das Pferd, nicht mich. Zu Fuß bist du so gut, daß du dich gleich in eine Grube legen kannst! Und dieser Gaul ist verdammt gut trainiert, wie du siehst."

Der Wallach hatte den Kopf hoch erhoben, hinter seinem Hals verbarg sich Jim, und nun lenkte Jim den Braunen mit den Schenkeln schrittweise zurück.

„Wie du willst, Jim", erklärte Matt Larkin kühl. „Wir werden dann Pferdefleisch mit auf den Marsch nehmen!" Sein Daumen spannte den Hahn des Revolvers. Er hob den Arm und zielte auf die Brust des Pferdes.

„Na gut," sagte Jim und ließ den Wallach wieder zurücklaufen. „Du hast vergessen, ihm sein Futter zu geben, und etwas Wasser."

„Das wollte ich heute Mittag tun, wenn die Hitze am größten ist."

„Er würde es in einer halben Stunde verlieren. Er muß morgens und abends Wasser bekommen, morgens Eicheln, mittags Mais und abends beides gemischt. Dann verliert er am wenigsten Flüssigkeit. Was hast du deinem Pferd gegeben!“

„Hafer.“

„Der treibt. Es gibt keine bessere Art, in der Wüste ein Pferd umzubringen.“

Matt Larkin gab dem Wallach Eicheln und in einem tiefen Blechteller einen Becher voll Wasser. Er selber steckte sich Eicheln in die Hosentasche.

Der Morgen war so kalt, daß seine Zähne aufeinanderschlugen. Über der Wüste lag ein Licht von kupferner Blässe. Kein Dunst trübte die Sicht, die bis zum Horizont reichte, über endlose Wellentäler und Erdspalten hinweg. Die Luft über der Gila war so trocken, daß sie jede Spur von Feuchtigkeit sofort wie ein Schwamm aufsaugte. Schweiß bildete sich bei einem Manne in der schlimmsten Mittagshitze nur unter dem Hutband, und Fleisch verweste nicht, es trocknete einfach ein. Eine Kupferpatrone konnte jahrelang im Sand liegen, ohne ihren Glanz durch Oxydation zu verlieren.

Matt Larkin stieg hinter Jim aufs Pferd, und die beiden Männer ritten nach Norden.

Allmählich begann sich die Wüste im Norden mit einem Schein flüssigen Goldes zu überziehen. Die täglichen Farbtönungen des Lichts hatten begonnen, Yukkastaudenblätter warfen Schatten, nicht breiter als Messerschneiden, drahtiges Kreosotgesträuch reckte sein blattloses Gestrüpp aus dem Boden wie die wirren Haarbüschel eines verschütteten Riesen. Als Matt Larkin hoch im Norden der Gila zum ersten Male diesen stinkenden Büschen begegnete, war er ihnen ausgewichen, so gut er konnte. Jetzt hatte er nichts dagegen, daß Jim den Wallach mitten durch die Kreosotfelder lenkte.

Jim pfiff ein Lied. Dann unterbrach er sich und fragte: „Stammst du aus Wyoming?"

„Aus Illinois."

„Hm, dann wundert mich nichts."

„Wieso?"

„Nur ein Yankee bringt es fertig, Paragraphen so die Sporen zu geben, daß er selber aus dem Sattel fliegt."

„Ich habe einen Haftbefehl für dich in der Tasche, und ich habe einen Job, für den ich bezahlt werde."

„Klar, Matt, vollkommen klar." Jim pfiff weiter, so gut es seine rissigen Lippen erlaubten. Die *Gelbe Rose von Texas* und *Home on the Range* und *In the Streets of Laredo.* Nachdem sie sich etwa zwei Meilen vom Hügel entfernt hatten, sagte Jim unvermittelt: „Ich werde dich erledigen, Matt. Mit einem sauberen Schuß zwischen die Augen. Je mehr ich darüber nachdenke, daß das sehr bald sein muß, desto mehr tut es mir leid."

„Was du nicht sagst!"

„Wirklich. Du warst eigentlich immer ein Mann, vor dem ich Respekt und sogar etwas wie Hochachtung hatte."

„So, du glaubst gar nicht, wie mich das beruhigt."

Die Sonnte tauchte nun als feuerroter Ball über den östlichen Montezuma-Range auf, und Jims Nacken bekam vor Larkins Augen die satte Farbe heiß gebrannten Tons. Larkin bemerkte nun die tiefe Kraternarbe dicht neben Jims Genick. Er dachte daran, daß dies eine 45er Kugel gewesen sein mußte, ein Einschuß, nicht glatt verheilt, sondern sternförmig zackig nach allen Seiten wie eine Wunde, der eine schwere Blutvergiftung gefolgt war. Larkin wußte, daß die meisten Patronen einen Film von alkalischem Schmierfett besaßen, der sie vor Korrosion schützen sollte. Dieses Fett hatte manchem Manne schon das Leben gekostetet, der eine an sich nur harmlose Fleischwunde erhielt.

Larkin nahm sich vor, bei nächster Gelegenheit nach dem Ausschuß zu sehen, der sich dicht neben dem Kehlkopf Jims befinden mußte. Er erinnerte sich der Geschichten, die, als er nach Jerome kam, über Jim noch im Umlauf waren. Demnach hatte Carruther ihn schwerverwundet in einem Canyon gefunden und ein halbes Jahr lang auf seinen Tod gewartet. Eine Kugel in den Nacken. Aus dem Hinterhalt also.

Irgendwo stieg mit weit schwingenden Flügeln ein dunkler Wüstenfalke auf und begann über den beiden Männern große Kreise im Licht zu ziehen, das allmählich orangenfarbig durchglühte und sich einem grellen Gelb zu nähern begann.

Vor ihnen tauchte aus dem grauen Sand harte schwarze, vom Wind der Jahrtausende des letzten Staubkorns entblößte Lava auf. Die Tritte des Pferdes wurden laut und hart. Sie erschütterten Larkin bis in den Scheitel. Jim lachte.

„Daß du keine Steigbügel hast, ist nicht die einzige Unannehmlichkeit, Matt. Willst du mich nicht hinten sitzen lassen und dir dein ganzes Waffenarsenal vorne in die Hose stecken?“

„Schon gut, nichts ist leichter zu ertragen als das, was noch schlimmer wird.“

„Stimmt. Und du hast ja einen Job, für den du bezahlt wirst. Vergiß es nicht, Matt. Ich habe es immer schon als einen unangenehmen Job betrachtet, für fünfzig Dollars im Monat Jagd auf Leute zu machen, mit denen man persönlich gar nichts zu tun hat. Für *fünfzig* Dollar.“

„Das ist zu wenig, was?"

„Und wie."

„Du hast für eine halbe Ranch gearbeitet, und das war immer noch nicht genug."

„Da hast du es selbst gesagt. Hör mal, Matt, glaubst du wirklich, daß es Johnny so einfach hingenommen hätte, daß der Alte ihm sein halbes Erbteil wegnahm und einem Manne schenkte, den er aufgelesen hatte?"

„Das war bitter für den Jungen, aber wohl vom alten Hampeher als Strafe für Johnny gedacht."

„Das weiß ich nicht so recht."

„Was denn sonst? Der Alte hatte den Ärger, den ihm Johnny bereitete, satt. Als er noch nicht gelähmt war, da soll er den Jungen mit der Bullpeitsche durchgeprügelt haben. Jetzt blieb ihm nur diese Art der Bestrafung."

„Es ging Hamp Carruther um die Ranch, um nichts sonst. Er wußte, daß sein Sohn sie in einem Jahr durch die Kehle gejagt und ein paar Dutzend Mädchen um den Hals gelegt hätte."

„Da ist was dran", gab Matt Larkin zu. „Du hättest nur noch etwas zu warten brauchen, Jim, und der alte Hamp hätte Johnny auch noch den Rest weggenommen und dir alles auf den Teller gelegt."

„Mich hat die Ranch nicht interessiert", sagte Jim.

„So, wieder was Neues. Du warst der Boss. Und wenn es je einen Ranchboss gegeben hat, der sich für sie in Stücke riß, so warst du das."

„Ich hatte einen Job, für den ich bezahlt wurde, Matt", erwiderte Jim kühl. „So was gibt es nicht nur bei einem Yankee."

„Du hast also Johnny nicht erschossen, all right. Der alte Hamp Carruther ist ein Narr, der Zeuge lügt, und ich bin verrückt. Jim, ich verstehe, daß du deine Haut zu retten versuchst, aber du sollst wissen, daß ich die Zeit hinter mir habe, in der ich an Märchen glaubte."

„Und warum gehst du ein so großes Risiko ein?"

„Hamp Carruther hat 20000 Dollar Belohnung für dich ausgesetzt."

„Du hättest es einfacher gehabt, mich niederzuschießen."

„Er zahlt das Geld für einen lebenden Jim", antwortete Matt Larkin.

„Und keinen Cent für meine Leiche, wie?" lachte Jim. „Das sieht dem alten Kanaken ähnlich. Für fünfzig Dollar im Monat wärst du nicht über die Grenze des Yavapai-Counties hinausgeritten, was?"

„Nein", erklärte Larkin ungerührt. „Jedes Risiko hat seinen Preis.

„Klar", sagt Jim, „siehst du, jetzt ist alles zu verstehen, was du machst! Du gehörst zu den Männern, die sich selber erschießen, wenn man ihnen nur genügend Geld dafür gibt."

„Du übertreibst."

„Für zwanzigtausend müßtest du mehr als dreißig Jahre den Stern tragen."

„Wenn du es genau wissen willst: dreiunddreißig Jahre und vier Monate, Jim. Du bist für einen Mann wie mich so etwas wie ein Sack Gold, über den man stolpert."

„Weißt du, Matt, ich verstehe nicht, warum du dich nicht ganz auf Kopfgeld umgestellt hast. Die meisten Burschen, die steckbrieflich gesucht werden, sind mindestens tausend Dollar wert. Du brauchst nur einen im Jahr zu erledigen, und du stehst dich tausendmal besser als jetzt als Deputy mit einem Blechstern auf dem Hemd."

„Kopfgeldjäger sind Mörder.“

„Was du nicht sagst! Und wenn der alte Hamp das Geld für meine Leiche ausgeben würde, hättest du dann da hinten am Feuer auch nur einen Augenblick gezögert, mich hinterrücks abzuschießen?“

„Das kommt darauf an“, sagte Matt Larkin, „ich glaube aber, ich hätte dir einfach eine Kugel durch den Kopf gejagt, fertig.“

„Und wie wolltest du beweisen, daß du mich erschossen hattest?“

„Nun, ich hätte einiges mit zurücknehmen können.“

„Was denn, du Schlaukopf? Mein Gewehr oder meinen Revolver, oder mein Pferd? Die hätte ich verkauft haben können.“

„Kann schon sein, daß du recht hast.“

„Also, Kopfgeldjäger bekommen nur eins bezahlt! Den Kopf ihres Mannes! Keinen Finger, keinen Fuß und keine Hand. Das haben sie alle schon versucht. Man will den Kopf sehen! Du hättest mir also den Kopf abgeschnitten? Und ihn in einen Sack gesteckt? Hier in der Wüste verwest nichts. Alles schrumpft nur ein und wird wie Leder.“

„Hör auf davon, das sind alles überflüssige Überlegungen.“

„Nein, das sind sie ganz und gar nicht. Daß Hamp mich lebend haben will, ist für dich ein purer Zufall. Du hättest mich für zwanzigtausend Dollar erschossen. Einen Mann, der noch vor keinem Richter gestanden hat und verurteilt ist. Meine Schuld steht überhaupt nicht fest. Was ist, wenn ich unschuldig gewesen wäre? Dann hättest du für Zwanzigtausend einen Mann hinterrücks erschossen, den du nur von der Theke des Bullenkopfsalons her kennst und der dir persönlich ein langes Leben wünscht. Ist das Mord, Matt? Oder wie nennst du das?"

„Was bezweckst du mit dieser blöden Fragerei?"

„Ich will wissen, was hinter Matt Larkin steckt. Der Stern, den du trägst, ist Blech. Wenn ich wirklich Johnny erschossen hätte, so hätte ich mehr Grund dazu gehabt, als wenn du einen dir völlig gleichgültigen Mann erschießt." Jim drehte sich im Sattel und schaute Matt Larkin von der Seite an. Er zeigte seine Zähne und meinte: „Oder, Freund Matt, hättest du vielleicht dem wertvollen Jim eine Chance gegeben?"

Larkin starrte in die wasserklaren Augen seines Gegenübers und antwortete nicht.

„Das ist es nämlich, was den Kopfgeldjäger vom Revolvermann unterscheidet. Der Revolvermann ist ein Mensch. Er gibt seinem Mann die gleiche Chance, die er selber beansprucht. Das unterscheidet ihn vom Raubtier. Der Kopfgeldjäger aber, der heimtückisch seine Kugeln fliegen läßt, ist das minderwertigste Geschöpf, das die Sonne bescheint."

Der Deputy wurde dunkel im Gesicht. Er sagte immer noch nichts.

„Nun, Matt Larkin, du hast Glück gehabt", sagte Jim und drehte sich wieder nach vorn.

„Aha. Und wieso?"

„Wenn du mir eine Chance gegeben hättest, so hättest du keine mehr gehabt."

„Ich glaube, daß ich mit meinem Revolver umgehen kann."

„So? Und wie viele Stunden übst du täglich? Bringst du es fertig, auf dem Handrücken der ausgestreckten

Hand einen Silberdollar liegen zu haben, die Hand wegzuziehen, den Revolver herauszureißen, zu schießen und eine Flasche in zwanzig Schritt Entfernung zu treffen, noch ehe der Dollar den Boden berührt hat?"

„Das gibt es nicht."

„Soll ich es dir zeigen, Matt?"

„Deine Mätzchen beeindrucken mich nicht."

„Paß auf! Da hinten der Chollkaktus hat eine Warze, die wie eine Blechbüchse aussieht. Gib mir meinen Colt mit nur einer Patrone. Du kannst hinter mir stehen und mir deine Waffe gegen den Rücken halten."

„Deine Schießkünste interessieren mich nicht", sagte Matt Larkin.

„Aber Matt, wir haben einen verdammt weiten Weg vor uns. Da passiert allerhand. Ein Mann wie du muß wissen, mit wem er es zu tun hat! Oder willst du warten, bist du überrascht wirst?"

„Also gut", sagte Matt Larkin, „du hast recht."

Jim parierte das Pferd, Larkin glitt herunter und nahm Jim die Handschellen ab. Er trat fünf Schritte zurück, lud Jims Colt mit einer Patrone und stieß ihn in dessen Holster, während er gleichzeitig seinen Colt auf ihn richtete. Jim holte einen Silberdollar aus der Hosentasche, legte ihn auf den Rücken der rechten Hand und streckte waagerecht den Arm aus. Er spreizte die Beine, duckte sich etwas und blieb einen Augenblick so stehen. Matt Larkin hatte den Hahn seiner Waffe gespannt und sie auf Jims Rücken gerichtet.

Plötzlich zuckte Jims Arm zurück, das Silberstück fiel und dann krachte der Schuß. Matt Larkin hatte noch nie im Leben einen Mann so schnell ziehen und schießen sehen.

„Hatte der Dollar den Boden erreicht?“ hörte er Jims Stimme sagen.

„Nein, er war in der Höhe deines Gürtels.“

„Jetzt geh und schau nach!“

„Gib mir erst den Colt zurück.“ Jim warf ihn ihm zu, und Larkin steckte ihn in den Hosenbund zurück. Dann ging er auf den Kaktus zu. Die Kugel hatte das obere Warzenblatt fast genau in der Mitte durchgeschlagen. Mit zusammengekniffenen Augen kam er zurück.

Jim lachte breit.

Larkin fragte: „Und wieviel Stunden hast du täglich trainiert?“

„Drei, Matt.“

„Und das soll nie jemand auf der Ranch aufgefallen sein?“

„Mein Schießstand war ein altes Arroyo im Skull-Valley. Da geht niemand hin. Da spuken die Geister der Ermordeten herum. Matt, ich hätte dir alle sechs Kugeln wie eine saubere Steppnaht ins Hemd gesetzt.“

„Die Geschworenen werden sich fragen, warum ein Cowboy so gut schießen kann.“

„Solange es Menschen gibt, werden sie Fragen stellen“, erwiderte Jim abweisend.

3

Narben sind Siege

„Nur eine von drei Skorpionenarten in der Gila ist tödlich. Er beißt nicht – er sticht. Und ein Stich genügt. Wenn du je an dir einen Skorpion entdeckst, schlag nie mit der Hand nach ihm, sondern schüttele ihn weg. Wenn's ein großer haariger ist, ist er harmlos. Sicher kann der stechen, aber du stirbst nicht davon. Die zweite ist halb so groß wie der erste und wird manchmal Streifschwanz-Skorpion genannt. Für den bist du tödlicher als er für mich. Aber verwechsel diesen bloß nicht mit dem kleinen gelben, schlanken Peitschenschwanz-Skorpion. Dieses Biest hat schon

vielen Menschen das Leben gekostet. Er ist nur fünf Zentimeter lang, und seine Opfer sind meistens Kinder. Wenn dich so ein Biest gestochen hat, hilft nur eins: Sofort mit dem Messer an der Bißstelle bis auf die Knochen schneiden, zweimal kreuzweise. Wenn's in einem Muskel ist, schneide dir ruhig ein Pfund Fleisch heraus und laß es bluten bis dir schwarz vor den Augen wird. Mindestens vier Tassen Blut müssen raus. Dann verkohle dir diese Schnittwunden, am besten mit Schießpulver. Das alles tut verdammt weh, aber du hast die Wahl: tot sein dauert länger als ein paar Stunden Schmerzen. Und dieses Sterben ist auch nicht gerade komfortabel. Du erstickst langsam, kriegst immer weniger Luft. Und wenn du glaubst, daß es gleich aus ist, dann lebst du immer noch zwei Stunden von der Luft, die du mit unmenschlicher Anstrengung wie durch ein Nadelöhr in dich reinsaugst. No, Sir, tief schneiden und bluten, das ist eine reelle Chance. Trink niemals Alkohol, wenn's dich erwischt hat, und versuche den Körperteil zwischen Stich und Herz abzukühlen. Der Skorpion hat das Gift im nadelspitzen Ende seines Schwanzes, und wenn er zusticht saust der Schwanz über seinen Kopf hinweg nach vorne, wie ein Blitz so schnell. Viel Zeit hast du dann nicht mehr, je nachdem wie tief gestochen worden ist. Du wirst dann ruhig daliegen und dich nicht bewegen, die Augen zumachen und abwarten, ob du eine Chance hast. Die ist fünfzig zu fünfzig. Wenn du überlebst, wirst du wissen, wie gut es ist, daß man höllisch aufpaßt und beim Erwachen in einem Morgenlager sehr, sehr langsam aufsteht, ohne eine hastige Bewegung zu machen."

J. George Napkinholder in: It's Poison, S. 8

Die Sonne stand als grellweißer hitzeschleudernder Stern am Himmel, und es herrschte bald eine Temperatur über der Wüste wie in einem Backofen. Die Konturen des Landes begannen zu vibrieren und dann zu verschwimmen. Der neue Tag einer Ewigkeit hatte begonnen und wurde schon unerträglich, noch bevor das Himmelsfeuer seinen höchsten Punkt erreicht hatte. Die Luft war so heiß, daß Matt Larkin das Gefühl hatte, sein Atem käme wie Flammen aus seinem Munde. Er hätte nicht mehr sagen können, welcher Teil seines Körpers mehr schmerzte. Jim begann Eicheln zu kauen. Die harten Schalen spuckte er aus. Der Wallach trottete nach Norden. Allmählich erhob sich ein Wind wie der Gluthauch aus der Feuerung eines Ofens.

Jim steuerte das Pferd auf einen turmartigen Berg zu, der, rotglühend wie eine überdimensionale Lanzenspitze, abgebrochen aus der Hölle zu ragen schien. Die Luft strömte und wogte um ihn herum, daß es dem Auge erschien, als sei dieser Turm eine Insel in einem Meer von sturmgepeitschtem Wasser.

Als sie nach zwei Meilen den Turm erreichten, hatte die Sonne den Zenit überschritten. Matt Larkin ließ sich vom Pferd sinken und stolperte im Schatten des Felsens auf einen großen Prickleypear-Kaktus zu. Mit dem Bowiemesser hieb er die Dornen weg und stieß das Messer tief in das verholzte Fleisch. An der breiten Schneide rann eine trübe Flüssigkeit herab, die nach wenigen Tropfen versiegte.

„Hier muß seit zwei Jahren kein Tropfen Regen mehr gefallen sein“, krächzte Jim. „Du siehst es daran, wie schwarz die Katzenklauendornen geworden sind.“ Matt Larkin wickelte den Lederschlaufenverschluß des Ziegenbalgs auf und ließ den Becher voll Wasser laufen. Diesen reichte er Jim. „Die Hälfte“, sagte er. Und Jim nahm kleine Schlucke aus dem Becher, ließ jeden Schluck lange im Mund und gab den Becher an Larkin zurück. Der machte es genauso. Als Larkin Wasser in den Zinkteller laufen ließ, um es dem Wallach vorzuhalten, sagte Jim: „Leg einen Stofflappen rein. Dann muß er dran saugen. Er hat dann etwas mehr davon.“

Larkin nahm aus der Satteltasche einen noch unbenutzten Fußlappen, legte ihn ins Wasser und wartete bis sich der Stoff ganz vollgesogen hatte. Dann hielt er den Teller dem Wallach vor. Schmatzend saugte das Pferd an dem Lappen. Jim hatte sich gesetzt und die Augen geschlossen. Er lutschte an einem Stein und balancierte ihn zwischen den Zähnen, daß er leise klickerte.

„Was soll das nun wieder helfen?“ fragte Larkin.

„So ein kleiner Stein regt den Speichel an. Der Mund entzündet sich nicht so schnell, wenn man spricht. Du wirst bald ins Dampfen kommen, Matt.“

Der Deputy ließ sich ebenfalls im Schatten nieder, zog ein Notizbuch aus der Tasche und schrieb etwas hinein. Dann schaute er Jim an, der zu schlafen schien. Er dachte daran, daß Jim einer der ersten Männer gewesen war, denen er begegnete, nachdem ihm der Sheriff den Eid abgenommen und den Stern angesteckt hatte. Jerome war vor einem Jahr eine jener Städte gewesen, wie es sie zu Tausenden im Westen gab. Eine lange Hauptstraße mit zwei Reihen von Bretterbuden, falschen Fassaden, hochtrabenden Namen, viel Unrat und Prospektoren, die nichts anderes als Gold und Whiskey und Weiber im Kopfe hatten. Jim war damals auf einem großen schwarzen Hengst gekommen, hatte die Zügel an den Haltebalken des Nugget-Saloons angebunden, war mit hölzernen Schritten hineingegangen und mit einem betrunkenen Cowboy zurückgekommen. Keine vier Schritte von Larkin und dem Sheriff entfernt, hatte er den Cowboy zusammengeschlagen, ihm seinen Lohn vor die Füße geworfen und gesagt, daß ‚man auf der Sundown-Ranch keine Herumtreiber brauche, die ihre Herde im Stich lassen, um Schnaps zu trinken'. Ein kurzer Blick der kühlen blauen Augen hatte Larkin gestreift, dann war Jim auf den Hengst gestiegen und mit wippenden Chaps davongeritten, das Bild eines Mannes, mit dessen Energie und Ehrenhaftigkeit man hätte Felsen auseinandersprengen können.

„Andere suchen in den Minen nach Placergold", hatte Sheriff Bill Raines damals gesagt. „Der alte Hamp Carruther hat in Jim eine Bonanza gefunden. Es gibt keinen besseren Ranchboss als ihn."

Der Cowboy hatte sich damals so klein wie möglich aus dem Staube gemacht, und mit der Zeit, in der Larkin die Stadt und Umgebung kennenlernte, wurde ihm klar, daß der Sheriff recht hatte.

Die Sundown-Ranch belieferte die Metzger der Stadt und der umliegenden Minen mit frischem Fleisch. Es gab kein Steak auf einem Teller im Umkreis von achtzig Meilen, das nicht von einem Sundown Rind stammte. Einmal im Jahr trieb eine Herde zu den San-Carlos-Apache-Reservationen und nach Fort Union und Fort Stanton in New Mexiko. Jim machte die Abrechnungen, Jim regelte die Einkäufe, Jim pflegte die Aufzucht der Longhornkälber. Jim hatte Vorsorge für Dürren getroffen, und als die große Trockenheit schließlich über das Land hereinbrach, ein Jahr, bevor Larkin Arizona betrat, da war die

Sundown-Ranch die einzige, die nicht in die Knie ging, als der Regen ausblieb. Jim musterte im Winter die Mannschaft nicht aus, weil es nichts mehr zu tun gab, sondern behielt sie und beschäftigte die rauhen Burschen mit der Anlage von Bewässerungssystemen. Wo immer die Sundown-Ranch Hamp Carruthers genannt wurde, meinte man in gewisser Weise auch Jim, diesen geheimnisvollen Mann ohne Nachnamen, von dem man sich immer noch hinter vorgehaltener Hand wilde Geschichten von Mord und Totschlag erzählte.

Matt Larkin, dem die Augen zugefallen waren, öffnete sie wieder. Der Blick Jims ruhte auf ihm. Jim hatte den Hut schräg auf dem Kopf sitzen, so daß sich seine Augen dicht unter dem Rand im Schatten befanden. Dennoch konnte Larkin erkennen, wie strahlend blau sie waren. Und er sah jetzt auch wieder die Narbe dicht neben dem Kehlkopf, den Austritt jener Kugel, die ihm vor vier Jahren in den Nacken gedrungen war.

„Ich dachte gerade daran, wie ich dich vor einem Jahr zum erstenmal in Jerome gesehen habe“, sagte Jim. „Du hattest einen dunkelbraunen Gehrock an, deine Krawatte war groß wie ein Blumenkohl, und mit den hohen Stiefeln konnte man dich für einen Methodistenprediger halten.“

Matt Larkin lächelte.

„Ich war mit der Kutsche gekommen und war eine Zeitlang Marshal in Omaha gewesen.“

„Nebraska. Unruhige Stadt. Schäbige Stadt. Die Union Pacific hat ihr einen Stempel aus Ruß und Öl aufgedrückt. Ich bin mir in solchen Mauerhaufen immer vorgekommen wie in einem Gefängnis.“

„Da ist was dran“, stimmte Larkin zu.

„Du hättest aber auch gut ein Berufsspieler sein können, damals. Du hast eigentlich begonnen, wie ein Mann auszusehen, seit Lady Nancy in die Stadt kam."

„Kann schon sein, Jim."

„Stimmt es, daß du ein Auge auf sie geworfen hast?"

„Kann sein, daß es stimmt."

„Deshalb hast du Johnny zusammengeschlagen, wie?"

„Er ist aufdringlich geworden. Ich war zufällig in der Nähe."

„Ich weiß." Jim grinste. „Johnny wollte plötzlich gebildet werden. Die kleine Lehrerin hat ihm gefallen. Er schleppte Bücher mit sich, und der alte Hamp hatte schon Hoffnung, daß aus Lady Nancy und Johnny mal ein Paar würde. Vielleicht hätte sie es mit diesem kleinen Privatunterricht geschafft, wenn du nicht zufällig in der Nähe gewesen wärst."

„Er hat ihr die Bluse zerrissen, Jim!" sagte Larkin scharf.

„Na ja, Johnny war die billigen Mädchen gewöhnt. Er konnte es nicht verwinden, daß ihn der Alte so kurz hielt. Johnny wollte etwas darstellen. Als er nach diesem Vorfall wieder auf der Ranch auftauchte, war er darüber beschämt, daß er Lady Nancy gegenüber ausgerutscht war, dich aber haßte er. Er wollte dich bei nächster Gelegenheit erschießen."

„Warum erzählst du mir das?"

„Du kanntest Johnny, nicht wahr? Du hast ihn sogar etwas besser gekannt als die anderen?"

„Er war ein kleines Großmaul, zu nichts nütze, als das Geld des alten Carruther mit vollen Händen zum Fenster rauszuschmeißen."

„Das Geld des Alten?" Jim schüttelte den Kopf. „Der

gab ihm jeden Ersten fünfzig Dollar! Keinen Cent mehr, und du weißt das."

„Das geht mich nichts an."

„Vielleicht denkst du mal darüber nach, welches Geld er nun wirklich ausgab."

„Das ist mir egal! Er hat nächtelang an den Spieltischen gesessen und ..."

„... verloren, Matt. Er spielte miserabel. Du weißt, was ein Mann braucht, um ein guter Pokerspieler zu sein. Johnny hatte nichts davon."

Matt Larkin steckte eine Eichel in den Mund, spuckte die Schale aus und begann mit verzogenem Gesicht die bittere Frucht zu kauen.

„Er hatte in Prescott immer die Taschen voll Geld. Ein paar Bankiers gaben ihm Kredit, soviel ich weiß. Ich war immer viel unterwegs und konnte mich nicht um diesen verrückten wilden Affen kümmern."

„Siehst du, dafür mußt du es jetzt tun. Johnny verkaufte Vieh, Matt."

„Vieh? Wieso, ich denke, das hattest du in der Hand?"

„Yeah, aber Johnny verkaufte trotzdem Vieh. Zuerst waren es nur ab und zu ein paar Kühe, die er sich in die Tasche steckte und in den Saloons auf den Tisch legte. Dann wurden es kleine Rudel und schließlich Herden."

„Was? Willst du damit sagen, daß ... verdammt noch mal, daß Johnny Carruther hinter den Viehdiebstählen im Sundown Valley steckte?"

„Ich weiß, daß man das jetzt mir vorwirft. Aber überleg doch mal. Wer hat Geld ausgegeben und immer wieder Neues gebraucht? Wer war praktisch der Erbe von achzigtausend Longhorns und konnte doch nicht einmal ein einziges Rind ohne den Willen des Alten vekaufen?

Ich bin mit meinem Geld immer fein zurechtgekommen. Auf der Bank von Prescott liegen auf meinem Konto viertausendachthundert Dollar. Wenn du die Einzahlungen siehst, wirst du wissen, daß ich jeden Monat zwanzig Dollar einzahlte. Glaubst du, ich hätte Vieh gestohlen, um Johnny den Erlös zu geben, damit er seine Schulden bezahlen konnte?"

Der Deputy starrte Jim an. Er sah, wie Jim den linken Fuß hob und einen Tausendfüßler beobachtete, der unter einem Steinbrocken hervorgekrochen war und sich nun auf ihn zubewegte. Der Stiefel sauste nieder, und mit der Spitze des anderen Stiefels wischte Jim die Überreste des giftigen Kriechtieres ab.

„Willst du damit sagen, daß Johnny das Vieh seines Vaters gestohlen hat?"

„Glaubst du, Johnny hätte das als Diebstahl angesehen? Es war seine Ranch und sein Vieh. Welche Rolle spielte es für ihn, daß im Haus ein alter gelähmter Barbar saß, der auf seinen Tod wartete?"

Jim hob die Hände, zog sich den Hut halb über das Gesicht und sagte nichts mehr.

Matt Larkin holte Rauchzeug aus seiner Tasche.

4

Apachen

„Apachen sind die Hyänen der Wüste. Nachdem sie zwei Karren, beladen mit Mescal erbeutet hatten, die Fahrer auf bestialische Weise umgebracht, trieben sie die Ochsen zu einem sicheren Platz und schlachteten sie dort auf unbeschreibliche Art ab. Sie tranken das warme Blut der noch lebenden Tiere, beschmierten, ja wuschen sich förmlich damit. Dann berauschten sie sich an dem Agavenschnaps, zündeten ein Feuer aus den Kisten an und fraßen halbrohes Fleisch. Die trunkenen, wehrlosen Wilden wurden von einer Armee-Patrouille entdeckt und gefangengenommen. Während der Nacht brachen ein paar von ihnen, immer

noch betrunken, aus und wurden erschossen. Man brachte die Toten ins Wach-Gefängnis zurück und begrub sie am nächsten Morgen. Die anderen aber bemühten sich, der Ecke, in der die Toten gelegen hatten, nicht zu nahe zu kommen. Sie schienen sich zu fürchten und Angst vor Geistern zu haben. Alle Apachen haben unüberwindliche Furcht vor Dunkelheit und Toten. Ihre dominierende Eigenschaft ist Freiheit. Sie greifen niemals einen Gegner von vorne an, immer nur heimtückisch und in großer Überlegenheit und unter möglichst geringem Risiko. Auf flachem Boden rennen sie der besten Infanterie davon, auf Steigungen lassen sie sogar Pferde hinter sich, und in den Bergen laufen sie selbst den behendesten Bergziegen davon.“

John Spring in: John Springs Arizona, 1966, S. 152

Der Spätnachmittag hatte die Gila in ein Meer von Farben getaucht. Matt Larkin ließ Jim auf den Wallach steigen und setzte sich hinter ihn. Der harte Lavaboden wurde bald von schiefergrauem Sand abgelöst, darin die vom Wind blankgenagten Felsen rostrot und türkisgrün schimmerten. Der Himmel hatte die Farbe einer reifen Orange, und die Ferne erschien in der kristallklaren Luft wie ein Vorhang aus tiefblauer Seide. Sie erreichten in der Dämmerung ein ausgetrocknetes Flußbett. Mitten in dem von Jahrhunderten rundgewaschenen Geröll stand die Grenzmarkierung zwischen Mexiko und den USA auf einem aufgetürmten Haufen Steine, in die ein Wegweiser mit ungelenker Hand eingemeißelt war:

„Tucson 190 Meilen – Gila Bend 90 Meilen – Yuma 100 Meilen.“

Als Matt Larkin den Wallach die steile Böschung hinaufführte, rutschte das Pferd ab, blieb mit hängendem Kopf stehen und war nicht weiter zu bewegen.

„Du mußt ihm Wasser geben", sagte Jim. „Das ist seine Zeit. Sieh mal seine Flanken an. Morgen abend, spätestens übermorgen früh ist er fertig. Er wird sich hinlegen, und nichts bringt ihn wieder auf die Beine."

Larkin ließ Wasser in den Teller laufen, und der Wallach soff gierig. Als Larkin den Ziegenbalg verschließen wollte, drängte der Wallach nach, Larkin kam ins Stolpern und stürzte. Der Ziegenbalgverschluß glitt ihm aus den Händen, das Wasser schoß in dickem Strahl heraus. Wie von einer Tarantel gestochen sprang Larkin auf die Beine, stürzte auf den Balg zu und ergriff den Verschluß mit beiden Händen. Er schrie: „Und du stehst dabei, ohne zuzupacken! Du hättest es verhindern können. Es ist mindestens eine halbe Gallone ausgelaufen."

Das Pferd wühlte mit der Schnauze im feuchten Fleck des Flußbettes, leckte die Steine ab, wo das Wasser geflossen war, aber schon war die Feuchtigkeit verdampft, und Larkin preßte die Lippen zusammen.

„Es liegt nichts an einer halben Gallone Wasser", meinte Jim. „Das ist alles dein Job, Matt! Wir werden einen halben Tag früher marschieren müssen."

„Und wie wir marschieren werden!" schrie Larkin. „Dir wird das Lachen noch vergehen!"

Jim nickte. „Wenn das Gesicht erst mal eine einzige Brandblase ist, lacht man nicht mehr, da hast du recht. Aber wie ist das? Du hast doch die Colts! Du kannst mir das Wasser abziehen."

Larkin nahm die Zügel des Wallachs und führte ihn die Böschung hinauf. Als Jim dort unten stehenblieb, rief ihm Larkin barsch zu: „Nun komm schon, oder gibt es da unten eine Goldader?“

„Wäre nicht die erste in der Gila“, murmelte Jim. Er ging etwa zehn Schritte weit durch das Arroyo und beugte sich über eine Stelle.

„Was gibt es, verdammt noch mal!“

„Binde dem Pferd die Vorderläufe zusammen und komm her!“

Matt Larkin schlang den Lasso um die Vorderläufe des Wallachs und ging hinunter. Jim stand vor einem etwa drei Fuß tiefen Trichter im Flußbett.

„Und?“ sagte Matt Larkin.

„Hier hat jemand versucht, nach Wasser zu graben.“ Jim hob einen ockerbraunen Steinbrocken auf und wog ihn in der Hand. Als Larkin zurücktrat und die Hand um den Revolvergriff legte, lächelte er: „Bei einem raschen Wurf wärst du zu langsam, Matt. Aber es ist gut, daß du darauf achtest. Sieh hier, die spitze Kerbe. Ein Bowiemesser.“

„All right, da hat also einer mit einem Bowiemesser herumgekratzt. Wir werden vielleicht irgendwo ein Skelett finden.“

„Das ist unwahrscheinlich. Es war das Messer eines Apachen.“

„Was?“ Larkin trat aufmerksam näher.

„Das Messer muß etwas schartig gewesen sein. Es waren Fasern von der Lederscheide daran. Hier sind diese Fasern. Die Sonne trocknet solche Lederfasern aber in zwei Tagen zu Staub. Und sieh hier, wenn ich sie zwischen die Fingerspitzen nehme, so kleben sie noch zusammen. Das Loch ist gestern gegraben worden.“

Larkin starrte Jim an.

„Es ist unwahrscheinlich, daß es ein einzelner Apache war. Sie trennen sich nie in der Wüste. Genauso unwahrscheinlich ist es, daß sie keinen Tropfen Wasser mehr hatten und deshalb nach Wasser gruben. Dazu ist auch der Trichter nicht tief genug. Man muß in einem Flußbett bis auf den Lehm runter. Das sind mindestens vier bis fünf Yards. Sie wollten also wahrscheinlich nur feststellen, wie trocken der Boden hier ist."

„Warum?"

„Nach dem Grad der Trockenheit können sie vorausberechnen, wie es mit den geheimen Wasserlöchern aussieht, die sie gerade ansteuern. Sie machen oft solche Proben und wissen verdammt gut Bescheid damit."

„Aber was haben hier Apachen zu suchen?"

„Das frage ich mich auch. Entweder sind sie auf der Flucht vor der Armee, oder sie jagen eine Patrouille. Das nächste Fort ist Fort Buchanan bei Tubac, etwas weiter südlich von Tucson."

„Hundertneunzig Meilen von hier. Soweit verfolgt keine Armeepatrouille Apachen in die Wüste, und soweit läßt sich auch keine Patrouille von ihnen jagen."

„Der Grund, warum Apachen in der Nähe sind, ist mir egal. Mich interessiert nur, daß sie da sind. Und wenn wir nicht achtgeben, können wir ihnen in die Arme laufen."

„Du meinst also, daß sie Wasser haben?"

„Apachen haben immer Wasser, und sie wissen immer, wo sie welches finden." Jim lachte Larkin mit blitzenden Zähnen an. „Würdest du es ihnen abnehmen, Matt? Überleg mal, das wäre eine Chance. Es gibt Wasser in der Nähe. Nur, Apachen haben es! Sag mal, du hast doch Dienstvorschriften, nicht wahr. Wenn da schon drinsteht, daß ein Sheriff in Mexiko Verhaftungen machen kann, so muß doch auch drinstehen, wie man Apachen Wasser abnimmt."

„Du kannst dir deinen Hohn sparen. Was glaubst du, wie viele können es sein?"

Wenigstens zwanzig, Matt, höchstens vierzig. Sie müssen sich nach den Wasserstellen in der Wüste richten, da ist nie viel drin."

„Aber es gibt Wasserstellen. Du müßtest doch wissen, wie man sie findet."

„Weiß ich auch, Matt. Das ist es gerade. Du hast sicher schon darüber nachgedacht, warum ich diesen Trip mit dir überhaupt mitmache und noch nicht versucht habe, dich über deine Nuß zu hauen oder nicht?"

„Stimmt."

„Es gab mal eine Zeit, da hätte ich meine Seele für ein gutes Pokerspiel verkauft. Mit Karten pokere ich nicht mehr. Das Leben selber spielt spannender, und das kann ich nicht auslassen. Wir sitzen jetzt am Spieltisch, und du hast ein verdammt schlechtes Blatt in der Hand."

„Wir werden sehen. Ich bringe dich zurück. Oder wir gehen beide vor die Hunde. Ich nehme an, daß du auch allerhand gegen Apachen hast, wie?"

„Das kannst du laut sagen."

„All right. So werde ich meine Richtung fortsetzen. Du wirst schon was sagen, wenn's nötig ist. Nicht wahr, Jim?" Jetzt lächelte Matt Larkin.

„Also gut, wo es garantiert kein Wasser gibt, wissen wir."

„Da, wo wir herkommen", sagte Larkin.

„Stimmt." Jim ließ den Stein in den Trichter fallen und ging zum Pferd. Oben auf der Uferböschung schaute

Matt Larkin sich sorgfältig um. Die Stille war vollkommen. Ein lautloser Windstoß wirbelte Staubfontänen spielerisch hoch und trieb Tumbleweedkugeln, mannshohe Kugeln aus zusammengewehtem abgestorbenem Dornengestrüpp, langsam vor sich her. Als Larkin den Kopf hob und lange zu einem Schleier sehr hoher Wölkchen hochschaute, meinte Jim, der sich in den Sattel geschwungen hatte:

„Die sind ein sicheres Zeichen dafür, daß es in den nächsten vier Wochen nicht regnen wird."

Der Fetzen Stoff, auf den Jim das Pferd zugesteuert hatte und den Matt Larkin nun von den Dornen der Teufelsbirne zog, war graublau. Daran hing an einem Messingknopf eine goldbetreßte Schulterklappe, auf der die zwei Messingbuchstaben „67" gestanzt waren.

Matt hielt Jim das Stück Stoff hin.

„Das stammt aus dem Uniformhemd eines mexikanischen Rurales, und wenn ich mich nicht irre, folgen wir den Apachen. Da drüben ist ihre Spur." Mit den gefesselten Händen deutete er nach Norden, wo hinter dem Sagegesträuch eine breite Spur ihren Weg kreuzte.

Matt Larkin zog die Winchester aus dem Sattelschuh, und die Falten um seinen Mund vertieften sich. Während Jim das Pferd weiterlaufen ließ, blickte sich Larkin spähend um. Sie befanden sich am Fuß eines Hügels, der nicht sehr hoch war. Der Sand hatte eine fast weiße Farbe, und es gab darin nur noch holziges Salzgestrüpp. Die Spur der Apachen war zum größten Teil bereits zugeweht, doch immer noch gut zu erkennen. Etwa in der Mitte der sanften Steigung parierte Jim das Pferd auf einer tellerartigen Flachstelle.

„Was ist?“ fragte Matt Larkin.

„Steig ab“, antwortete Jim mit rauher Stimme. Der Deputy glitt vom Pferd und erblickte die zwei Köpfe, welche dort – etwa drei Schritte vor dem Pferd – aus dem Boden ragten.

Es waren die Köpfe von jungen Mexikanern. Mitten im dichten schwarzen Haar schimmerten weiß die blanken Schädelknochen, wo man ihnen handtellergroße Skalps abgerissen hatte. Die Gesichter waren unter Brandblasen so unförmig angeschwollen, daß sie kaum noch menschlich wirkten.

„Apachentortur“, sagte Jim. „Sie ziehen einen nackt aus, lösen auf Brust und Rücken die Haut in breiten Streifen ab und vergraben die brüllenden Opfer bis an die Hälse in Gipssand.“ Jim ging um die Köpfe herum, Larkin umklammerte das Gewehr. „So ein abgehäuteter Mann würde in wenigen Minuten verbluten, wenn nicht der Gips wäre, den sie lagenweise um ihn herum feststampfen.“

„Diese Bestien!“ zischte Larkin.

„Der Gips wird durch das Blut hart wie ein Panzer“, meinte Jim ungerührt. „Wenn die Sonne nicht wäre, würde man nach zwei Tagen ersticken. In den Staked Plains gibt es dazu noch rote Ameisen, halb so groß wie deine Nase. Das ist ein Tod, sag’ ich dir.“

„Wir müssen sie herausholen und bestatten.“

„Das bringst du nur mit einer Picke fertig. Es genügt, wenn du Steine über den Köpfen aufschichtest.“

„Wann haben sie das getan?“ fragte Larkin tonlos.

Jim beugte sich nieder und untersuchte mit den Fingern die Haut der Toten.

„Sie sind erst ein paar Stunden tot. Es hat etwa zwölf

Stunden gedauert. Meistens sitzen die Apachen noch ein paar Stunden um die Opfer herum und verhöhnen sie. Sie verlassen sie erst, wenn sich das Brüllen nicht mehr steigert."

Larkin bemerkte, als Jim sich aufrichtete, daß die Handschellen die Gelenke des Texaners aufgescheuert hatten. Die Haut war an diesen Stellen blutunterlaufen und entzündet und so geschwollen, daß die ursprünglich lose zusammengeschlossenen Stahlringe keinen Spielraum mehr übrig ließen. Bald würden Jims Handgelenke zu eitern beginnen.

„Wenn du mir versprichst, mich nicht anzugreifen, mache ich die Dinger los", sagte Larkin.

Der Texaner schüttelte den Kopf. „Du bist ein merkwürdiger Kerl. Sobald du die wegnimmst, werde ich darauf warten, wann ich dich erwürgen kann, Matt."

„Verdammt noch mal!" schrie der Deputy ihn an, „warum willst du mich zwingen, dich zu quälen? Welchen Sinn soll es denn haben, daß du nachher Blutvergiftung bekommst!"

Jim lächelte ihn an und hielt ihm die Hände hin. Er hielt sie so, daß Matts Blick dahinter die Köpfe der Toten sehen konnte.

„Wie du willst", knurrte Matt Larkin wütend. „Es sind deine Hände." Er begann, Steine zu suchen und sie über den Toten aufzuschichten. Bald waren die geschundenen Köpfe der jugendlichen mexikanischen Grenzpolizisten unter zwei kleinen Pyramiden verschwunden.

Als Larkin fertig war, fauchte er Jim an: „Also, was ist? Ich mache die Handschellen los, wenn du ..."

„Gib dir keine Mühe, Matt. Laß sie dran, wenn du Angst hast."

„Das hat mit Angst nichts zu tun!“

„Womit denn?“

„Ich gehe nie ein Risiko ein, das zu vermeiden ist.“

„Na bitte, dann ist doch alles in Ordnung.“

Larkin umkreiste den Marterplatz. Als er zurückkehrte, sagte er:

„Sie sind gerade nach Norden geritten. Wir biegen nach Osten ab.“

„Wenn wir ihnen folgen, finden wir vielleicht noch Wasser in dem Loch vor, das sie jetzt ansteuern.“

„Oder sie erwischen uns.“

„Auch richtig. Aber du mußt nicht glauben, daß die Wüste barmherziger ist als die Apachen. Es kommt aufs gleiche heraus.“

„Nun mach schon.“

Jim lenkte das Pferd bis zur Kuppe des Hügels. Von dort aus hatten sie einen weiten Blick über das Land. Im Osten bemerkten sie einen hohen Berg blauschimmernd aus der fließenden Luft über der Gila herausragen, dazwischen langgezogene dunkle Linien.

„Ich müßte mich sehr irren, wenn das nicht Erdspalten sind. Da geht's manchmal hundert Yards und mehr steil in die Tiefe. Oft gibt es da unten tief im Schatten Wasserquellen, kleine Seen und Bäche, die wieder versickern. Aber kein Lasso ist so lang, daß man sich runterlassen kann. Und wenn man wirklich mal unten ist, kommt man nicht wieder rauf.“

„Feine Überraschungen, das muß ich schon sagen.“

„Es ist für alles gesorgt, Matt. Du wirst dich noch zu Tode wundern.“

Während sich der Abend wie ein Mantel aus Purpur über die Wüste legte und der Wind merklich kühler wurde, strebten die beiden Männer einem pferdekopfartigen Berge zu, der immer weiter wegzurücken schien.

Eine breite Rinne, durch die sie ritten, endete in einem golden schimmernden See, dessen Bett aus hartem Salz bestand. Als Jim das Pferd zum Stehen brachte, sagte Matt Larkin: „Weiter! Wir reiten jetzt nachts und verkriechen uns während der größten Hitze."

„Das Pferd braucht Wasser und mindestens zwei Stunden Ruhe. Das Salz hier ist der beste Platz zum Rasten. Jetzt kommen Skorpione, Taranteln und Tausendfüßler aus der Erde, aber auf das Salz gehen sie nicht."

„Na, gut." Larkin ließ sich vom Pferd gleiten. Er bemerkte am Ufer des Seebetts dichte Grasbüschel von etwa einem Fuß Länge. „Bring den Gaul hierher! Hier ist Gras."

„Sacaton-Gras", brummte Jim. „Kau mal auf einem Blatt."

Larkin riß eins der harten Blätter ab, kaute darauf und spuckte es aus. „Verdammt, das pure Salz!"

„Soda. Maultiere sind so blöde und fressen es. Nach einer Stunde blähen sich ihre Bäuche, und sie kriegen Krämpfe. Am nächsten Morgen sind sie dann verendet." Jim tätschelte den Hals des Wallachs. „Du wirst es bald überstanden haben, Browny, und es dauert gar nicht lange, Alter, dann wird dir dieser Kerl, der daran schuld ist, folgen. Du wirst ihn aber dann kaum noch wiedererkennen."

Larkin netzte den Fußlappen und schob ihn dem Wallach ins Maul. Der Braune war in den zwei Tagen erschreckend mager geworden. Rippen und Kruppenknochen stachen scharf durch das struppige Fell. Seine Nüstern waren mit tiefen Rissen bedeckt, aus denen rohes Fleisch schimmerte. Jim hockte sich mit untergeschlagenen Beinen auf die von der Sonne steinhart gebackene Salzkruste. Es wurde rasch dunkel. Die Männer kauten ihre Bisquits, tranken je einen halben Becher Wasser, und plötzlich schreckte Larkin hoch und starrte nach Nordwesten.

„Verdammt!" preßte er hervor.

„Die Apachen", sagte Jim ruhig, ohne den Kopf zu bewegen. „Sie haben ein Feuer gemacht, und das ist keine drei Meilen von hier entfernt."

„Wir müssen hier weg!"

„Feuer entzünden sie meistens nur an Wasserstellen." Jim kaute eine Eichel und würgte sie den trockenen Hals hinunter.

„Wie lange könnten sie da lagern?" fragte Larkin lauernd.

„Einen Tag. Zwei Tage. Das kommt darauf an, wieviel Wasser das Loch hat."

„Was gibt es da zu grinsen?" fauchte Larkin den Texaner an, und Jims Lächeln wurde noch breiter.

„Laß dir was einfallen, Matt! Apachen saugen sich voll wie Schwämme. Ich habe noch kein Wasserloch in der Wüste gesehen, in dem sie auch nur einen Becher Wasser zurück ließen. Du denkst daran, deine Füße in feines Wasser zu legen, was? Sie reiten auch erst am Spätnachmittag und die ganze Nacht hindurch. Der Schlamm in so einem Loch ist dann knochenhart geworden, wenn wir hinkommen. Du mußt mit dem Messer tief graben, um aus Erdklumpen noch ein paar Tropfen herauszupressen."

Larkin drehte sich um und schnallte den Sattel ab. Darauf ließ er sich nieder. Nach zwei Stunden erhob er sich, und als er die Füße bewegte, war sein Atem laut.

Der Ritt ging weiter. Das Feuer der Apachen leuchtete hinter ihnen so klar und deutlich, als sei es nur wenige hundert Schritte entfernt. Kein Laut störte die Stille. Es war kühl geworden, und der Wallach ging etwas schneller als am Tage.

Larkin schloß die Augen und öffnete sie erst wieder, als Jim ein Lied zu pfeifen begann. Schließlich unterbrach er sich und meinte: „Alle Achtung, Matt, du mußt einen Hintern aus Gußeisen haben, den hast du doch längst in Fetzen geritten, aber du läßt dir nichts anmerken. Beim nächsten Wind, der über einen Boraxstreifen weht, wird sich das schnell ändern. Du wirst auf einer glühenden Herdplatte zu sitzen für eine Wohltat halten. Übrigens, wenn dir das Freude macht, kann ich gern mal den Yankee-doodle pfeifen."

Larkin antwortete nicht. Er fühlte kalten Schweiß auf der Stirn, aber als er mit der Hand hinfaßte, war die Haut trocken wie Holz. Er hustete hohl und spürte dabei tief in den Lungen einen leisen stechenden Schmerz. Nach zwei Stunden bekam der Braune wieder einen wassergetränkten Lappen ins Maul gedrückt, aber als Larkin ihm das Futter vorhielt, ließ das Pferd es unberührt.

„Magst du Pferdefleisch?" fragte Jim spöttisch, und Larkin wurde dunkel im Gesicht.

„Ich habe meinen Kaffee angeblasen, und jetzt trinke ich ihn!" sagte er mit rauher Stimme. Er goß das Futter ins Säckchen zurück. „Weiter. Pferdefleisch ist so gut wie jedes andere."

5

Richter Lynch hat wenig Zeit!

„Die Regel, daß jedermann Anspruch auf eine faire und unparteiische Gerichtsverhandlung hat, ist korrekt und nicht bestritten in Gemeinwesen, wo die Gesellschaft durchorganisiert ist, das Gefängnis solide ist und wenn die Schuld des Angeklagten nicht völlig ohne den geringsten Zweifel erwiesen ist. Wenn aber jemand seinen Freund oder gar Bruder kaltblütig umgebracht hat und der Beweis hierfür einwandfrei ist, wie das im Falle der schrecklichen Tragödie bei Hackberry letzten Montag der Fall war, dann hat der Mörder sein Leben verwirkt, und je

eher ihn die empörte Bevölkerung an den Flaschenzugbalken einer Schmiede, an den nächsten Baum oder die erstbeste Laterne aufhängt, um so besser ist dem Anspruch der Allgemeinheit Genüge getan, daß ‚jemand Recht geschehen soll, wie er's verdient'."

Aus dem „Mineral Park Alta", 1882

„So um 1877 rum wurde von Winchester und Colt gleichzeitig die Patrone .44-40-230 (.44 = Kaliber 44/100 inch = 11,18 mm / -40 = 40 grain Schwarzpulver / -230 = 230 grain Geschoßgewicht) eingeführt. Man braucht also für Gewehr und Revolver nur eine einzige Patrone. 1876 kam eine Art überschwerer Winchester 1873 auf den Markt, in allen Abmessungen größer und schwerer als die 73er, die für die gewaltige Patrone .45-60-300 gemacht war. Die 60 grain Pulver jagten das 300 grain schwere Bleigeschoß mit sehr guter Treffgenauigkeit bis zu 300 Yards weit, die Aufprallschockwirkung und Durchschlagskraft war so groß, daß ich mit einer Kugel auf 200 Yards zwei Büffel auf der Stelle tötete."

Frank L. Newton in: Buffalo Hunt, S. 123

Die Nacht war so kühl geworden, daß Larkin sich immer wieder die Hände reiben mußte.

Jim hatte sich die Stiefel, Socken und Fußlappen von den Füßen gezogen und das alles in seine Satteltasche hineingestopft. Nach einer Weile tat Larkin dasselbe, und als sich im Osten der Horizont zu erhellen begann, blieb das Pferd stehen.

„Fertig", sagte Jim. Er glitt aus dem Sattel, streifte die Stiefel mit den gefesselten Händen umständlich über und holte aus seiner Hemdtasche eine Eichel hervor, die er in den Mund schob. „Sobald die Sonne da ist, geht er keinen Schritt mehr."

Matt Larkin stieg in seine Stiefel und blickte sich um. Alles was er sah, waren Steine und seltsam trübes Mondlicht, das eine Gruppe von Orgelpfeifenkakteen beleuchtete. Er nahm den Ziegenbalg vom Sattel und überprüfte den Inhalt. „Noch eine halbe Gallone, wenn's hoch kommt." Er nahm dem Wallach den Sattel ab, legte ihn mit den Säckchen zu Boden und fuhr herum, als Jim hohl auflachte.

„Was gibt's da eigentlich zu lachen?"

„Ich denke grade daran, daß du mir jetzt mein Gewehr und den Revolver zurückgeben mußt, wenn du es nicht selber tragen willst."

„Richtig Jim, aber die Munition werde ich behalten."

„Fein. In den Satteltaschen sind zweihundert Schuß .44-40er Patronen. Das sind neun Pfund. Und wieviel .45-60er Gewehrpatronen hast du noch?"

„Ungefähr hundert."

„Ausgezeichnet, das sind noch mal sechs Pfund. Dein Gewehr wiegt zehn Pfund, und der Revolver mit dem Gürtel sieben Pfund. Zusammen – warte mal – zusammen wirst du also zweiunddreißig Pfund schleppen!"

Larkin schwieg verbissen, und Jim lachte ihn lauthals aus.

„Oder willst du Patronen wegwerfen? Die Apachen werden sich freuen, wenn wir so rasch ausgeballert haben! Sie belagern einen manchmal drei Tage und drei Nächte, da sind dreihundert Patronen nicht viel! Oder willst du nur ein Gewehr und einen Revolver mitnehmen? Ich kann ja dann, während du dich deiner Haut wehrst, für dein Seelenheil beten!"

Larkin preßte die Lippen zusammen, hob sein Gewehr hoch, legte es an die Schulter, zielte sorgfältig auf den Kopf des Pferdes und schoß. Der Wallach brach wie vom Blitz getroffen zusammen.

Danach sank Larkin auf den Sattel nieder und starrte grimmig gen Osten, wo der Morgen in einem Meer von gelbrotem Licht heraufdämmerte.

Schließlich erhob sich Larkin, nahm die beiden Gewehre mit und legte sie neben das Pferd. Er zog sein Messer und stach den Kadaver ab. Jim kam mit dem Becher in der Hand, hockte sich nieder, sagte „Gestatten Sie, Sheriff?“ und ließ das ausfließende Blut in den Becher laufen. Den vollen Becher setzte er an die Lippen und trank. Larkin starrte ihn an, wie er den Becher leerte, sich mit dem Handrücken über den Mund wischte und ihm den Becher reichte.

„Nimm, was du jetzt nicht trinkst, wirst du nie mehr trinken können.“

Der Deputy trank das warme Blut und schaute zu, wie der dunkle Strahl in den Sand schoß und sich dort zu einem großen schwarzen Fleck verbreiterte. Larkin löste, als das Pferd ausgeblutet war, rund um eine Hinterhandkeule die Haut, zog sie ab und begann mit dem Messer große Fleischbrocken von dem in der Kühle dampfenden Knochen abzulösen.

Er sagte kein Wort, als Jim sich einen Streifen noch blutwarmes Fleisch herunterschnitt und daran zu kauen begann. „Wenn du ein Feuer machst, sehen es die Apachen auf weite Entfernung, und wir haben sie spätestens am Mittag auf dem Pelz“, sagte Jim.

Larkin fauchte ihn an: „Es macht dir wohl gar nichts aus, dein Pferd zu fressen, wie?“

„Doch“, gab Jim zurück, „du wirst noch merken, wieviel mir das ausgemacht hat. Aber weißt du vielleicht was Besseres?“

Wenig später hockte Larkin wieder auf dem Sattel, beide Gewehre über dem Schoß liegend, und kaute ebenfalls das zähe frische Fleisch.

„Ich sage dir, Matt, du wirst bald Schlangen und Wüstenratten, Spinnen, Hudapaitiger-Raupen verschlingen, und dir nicht einmal mehr die Mühe machen, ihnen die haarige Haut über die Ohren zu ziehen.“

„Hör auf!“ schrie Matt Larkin.

Jim aber schüttelte den Kopf und sprach – mehr zu sich – weiter: „Was Geldgier nicht alles aus einem Menschen macht! Wenn einer ohne sein Wollen in der Wüste in so eine Situation gerät, so verstehe ich, daß er alles tut, um am Leben zu bleiben. Aber du, Matt? Du machst das alles, weil du hinter zwanzigtausend Dollar her bist. Und das, was du tust, ist nicht einmal eine Überraschung für dich. Es ist kein Pech oder ein Unglück. Keine Spur! Du hast gewußt, daß du den Deckel zur Hölle aufstößt, und du springst rein. Sag mal, was würdest du eigentlich für zweihunderttausend Dollar alles machen?“

„Wisch dir das Blut ab, du siehst aus wie ein Kannibale.“

„Du bist empfindlich“, Jim lächelte, „das ist wenigstens etwas. Paß auf, das Blut enthält Salz. Wenn wir jetzt trinken, bleibt es länger im Körper, als wenn wir erst in einigen Stunden trinken.“

Larkin warf ihm den Ziegenbalg zu.

Sie waren gewandert, bis sie den Schatten einer Felsgruppe erreicht hatten. Dort tranken sie jeder einen halben Becher Wasser, legten sich nieder und warteten den Abend ab. Matt Larkin fiel in tiefen Schlaf, und Jim konnte mühelos seinen Revolver aus dem Hosenbund des Deputy ziehen. Vorsichtig griff er danach in Larkins Hosentasche. Er holte eine Schachtel .44er Patronen heraus, füllte mit dreißig davon die Schlaufen seines Gürtels auf und lud den Revolver. Er stieß ihn ins Holster und legte sich wieder hin. Als ihn die Stimme Larkins weckte, dämmerte der Abend. Jim öffnete die Augen und schaute in ... eine Revolvermündung.

„Steh auf!" krächzte Larkin. „Nimm die Hände vor die Brust, Jim."

„Was soll das? Ich hätte dich erschießen können?"

„Warum hast dus nicht getan?"

„Weil du mein Wort hast, daß ich dich im Schlaf nicht angreife."

„Well, wie hast du die Patronen in die Schlaufen bekommen, du verdammter Bursche."

„Man braucht den Gürtel nur herumziehen, dann ist es eine Kleinigkeit. Jedesmal, wenn du schläfst, nehme ich Colt und Patronen wieder weg. Das ist ein hübsches Spiel, Matt. Vor allem ungefähr so blödsinnig, wie du bist."

Der Deputy musterte ihn.

„Ich weiß nicht, woran ich mit dir bin, Jim."

„Ganz einfach, ich habe Johnny Carruther nicht erschossen."

„Ich habe darüber nachgedacht. Vielleicht ist es so, wie du sagst. Dann ist es aber am besten für dich, wenn du dich stellst."

„Dein Problem ist ehrlicher als du." Jims Revolver war in Larkins Hosenbund verschwunden. Larkin machte keinen Versuch, die Patronen aus den Schlaufen zu ziehen. Er steckte seinen Colt ein und betastete mit den Fingern seine unförmig geschwollenen, aufgeplatzten und blutverkrusteten Lippen.

„Es ist, wie ich sage. Ich bin ehrlich, vergiß einmal, daß Hamp Carruther das Geld für dich zahlt. Du brauchst nur zu sagen, daß du freiwillig mitgekommen bist, und ich kriege keinen Cent.“

„Freiwillig?“ Jim hob lächelnd die Hände. Larkin reichte ihm einen Streifen Fleisch, der in der Tageshitze hart wie ein Brett geworden war. Jim biß hinein.

Larkin fragte: „Und wer hat Johnny erschossen?“

„Der Bursche, der sich Bonny Gonzales nannte.“

„Hast du es gesehen?“

„Einer von den Burschen, die bei ihm waren.“

„Von denen lebte, als ich wegritt, nur noch Bonny Gonzales. Und der hat behauptet, daß du die Bande organisiert hast.“

„Ich hab's gehört.“

„Gehört? Wo?“

„Ich sah vor Millers Blockhaus den Sheriff vom Pferd steigen. Du warst auch dabei.“

„Yeah, Gonzales hatte mitten in der Nacht schwerverwundet an Millers Tür geklopft und ihm gesagt, daß er den Sheriff holen solle. Wir sind sofort mit einem Aufgebot hingeritten...“

„Well, ich bin auch hingeritten und hörte durchs offene Fenster, wie Gonzales alles sagte. Dann fragte er nach Johnny, und du sagtest, daß ihr Johnny und Nat King gefunden habt, beide tot.“

„Und warum bist du nicht reingekommen, wenn das alles, was Gonzales sagt, gelogen war?“

„Du machst wohl Witze! Ich war seit Monaten hinter den Viehdieben her. Lange Zeit hatte ich Johnny nicht in Verdacht. Aber dann begann ich mich darüber zu wundern, daß immer da, wo ich hinritt, nie eine Spur zu sehen war. Am Abend, bevor die L-Herde gestohlen wurde, sagte ich zu Johnny, daß ich den Burschen im Stern-Tal auflauern würde. Ich bin aber genau entgegengesetzt geritten, und zwar nach Nordwesten zu den Vier Quellen. Und genau da traf ich die ganze Bande dabei, wie sie die L-Herde zum Plateau trieb. Ich habe ihnen die beiden Leittiere abgeschossen, und die Herde geriet in Stampede."

„Wieviel Mann waren es?"

„Ich habe neun gezählt. Als sie sich teilten und drei zum Hawk-Hill ritten, bin ich den sechs gefolgt, die in die Berge flüchtigten. Ich war keine halbe Meile weit weg, als hinter mir Revolverschüsse krachten."

„Bist du zurückgeritten?"

„Natürlich. Der Mond war gerade hinter einer Wolke hervorgekommen. Ich erkannte Johnny. Er stand an einem Baum am Rande des Waldes. Vor ihm lagen zwei Männer auf dem Boden und rührten sich nicht. Als er mich bemerkte, rief er, er hätte zwei der Kerle erwischt, ich solle den anderen folgen, er käme mir nach und schnitte ihnen den Weg durch den Regenbogen-Canyon ab. Well, Matt, im Augenblick war ich richtig platt. Und ich war verdammt erleichtert, als ich daran dachte, daß Johnny nicht mit der Bande arbeitete und auf eigene Faust versucht hatte, sie zu stellen. Ich war einen Augenblick wütend über ihn, weil das gefährlich war, ich nahm mir vor, ihn gewaltig zusammenzustauchen, wenn ich zurückkam, aber ich war erleichtert darüber, daß er ..."

„... also ganz offenbar nicht mit den Dieben arbeitete und zwei von ihnen erschossen hatte."

Jim nickte.

„Und dann?"

„Well, die sechs Burschen waren verschwunden. Ich bekam keinen mehr zu Gesicht. Ich war zum Ausgang des Regenbogencanyons geritten, wo Millers Blockhaus steht. Ich dachte, daß ich Johnny dort treffen würde. Aber dann lag da Gonzales und sagte, daß ich ihr Bandenführer gewesen sei."

„Und da bist du davongeritten, statt reinzukommen?"

„Ich wollte selber Johnny sehen. Ich war wie vor den Kopf geschlagen, als du sagtest, daß Nat King und Johnny tot seien. Aber da oben war nichts mehr zu sehen."

„Wir hatten die Toten natürlich mitgenommen. Sie waren im Schuppen neben der Blockhütte Millers."

„Konnte ich mir auch denken, als ich oben war und niemand fand."

„Und dann?"

„Well, ich wartete, bis der Mond wieder rauskam, und sah dort, wo Johnny an dem Baum gestanden hatte, viel Blut an der Rinde. Und da wußte ich, wie's gewesen war."

„Und wie, Jim?"

„Als ich auftauchte, waren Bonney Gonzales, Nat King und Johnny praktisch geliefert, denn wenn ich sie angegriffen hätte, wären sie in den Sackcanyon gedrängt worden, aus dem es keine Flucht mehr gab. Wahrscheinlich hat Johnny damit gerechnet, daß ich den Zugang sperren und dann bald unsere Jungens kommen würden."

„Das war nicht schwer, du konntest den Ausgang leicht überblicken und jeden abschießen, der zu entkommen versuchte."

„Well, jetzt überlege mal, wie Johnny dagestanden hätte, wenn wir ihn mit zwei Viehdieben gefunden hätten?"

„Das wäre nicht sehr gut für ihn gewesen."

„Well, so tat er das einzige, was er tun konnte..."

„Er schoß die beiden nieder."

„Well, aber einer von ihnen, oder beide, das weiß ich nicht, hatten ihn auch erwischt. Und zwar genau da, wo er stand, als ich zurückkam."

„Und warum hat Johnny dann nicht dich erschossen?"

„Ich vermute, nach dem Blut am Baum zu schließen, daß er die Hand mit dem Revolver nicht mehr hochbekam."

„Johnny hatte drei Kugeln im Leib, Jim. Und dir ist an seiner Stimme nichts aufgefallen?"

„Nun, sie klang etwas gepreßt. Aber da lagen zwei Männer vor ihm, und man schießt ja nicht jeden Tag zwei Männer nieder. Und, Matt, ich hatte es eilig, hinter den anderen herzukommen."

„Hm, dann muß es sich also nach deiner Geschichte so zugetragen haben: Johnny sah sich in der Falle, er hatte dich erkannt. Er wußte, daß du vorsichtig warst und deine Jungens holen würdest. Er schoß seine beiden Kumpane nieder, erwischte aber noch drei Kugeln in den Leib. Nat King war sofort tot, Bonney ließ er für tot liegen. Der erwachte aber nach kurzer Zeit, sah nur noch den toten Nat da liegen und machte sich davon. Tatsächlich haben wir Johnny zweihundert Yards weiter westlich gefunden. Wenn aber Bonney nicht wußte, daß Johnny tot war, warum tischte er uns das Märchen auf, daß du ihr Führer warst und nicht Johnny?"

„Das ist doch klar! Er wußte, daß Johnny auf sie geschossen hatte, weil er nicht wollte, daß man die Wahrheit erfuhr. Jetzt war Bonney schwer verwundet. Johnny mußte sich ja mit etwas herausreden, wieso er dabeigewesen war. Das konnte er nur, wenn er mich beschuldigte. Also ging Bonney sicher und bestätigte das, was Johnny sagen mußte.

„Du hast diesen Burschen nicht gesehen, Jim, aber ich", sagte Matt Larkin mit spröder Stimme. „Er hatte den Magen und die Lunge durchgeschossen, schlimme Schmerzen und spuckte tassenweise Blut. Der dachte an seine Schmerzen, nicht daran, haarscharf zu kombinieren, was richtig und was falsch war."

„Versetz dich in seine Lage. Als er zu sich kam, war Johnny weg. Also mußte er annehmen, ihn bei der Schießerei nicht getroffen zu haben. Wenn das aber der Fall war, war er für Johnny solange eine Lebensgefahr wie er lebte. Wenn er aber jetzt sagte, daß ich ihr Führer war, brauchte er von Johnny nichts mehr zu befürchten und wußte, daß die Erbitterung über mich ihn als kleines armes Würstchen erscheinen ließ. Als er erfuhr, daß Johnny tot war, lag die Sache noch besser für ihn. Jetzt war die Empörung über den undankbaren und mörderischen Jim so groß, daß man ihn darüber vergessen würde. Im Gegenteil, er war nun der einzige Zeuge, der einem ganzen aufgebrachten County den Beweis für einen handfesten Halunken bieten konnte. Damit war er der Milde der Geschworenen, was ihn selbst betraf, sicher. Er hätte ja sagen können, daß er gar nicht zu der Bande gehörte. Johnny konnte ihn zur

Unterstützung im Kampf gegen die Bande angeworben haben ..."

„... er hat es aber gleich zugegeben, als wir kamen."

„Da glaubte er ja noch, daß Johnny lebte und mich angeschuldigt haben mußte, weil es sonst keine Erklärung für sein Dasein zu dieser Zeit gegeben hätte."

„Jim, Jim, das ist wirklich eine feine Geschichte. Du hast ja Zeit genug gehabt, alles durchzudenken."

„Es ist so, wie ich sage."

„Und das alles hast du begriffen, als du das Blut am Baum gesehen hast, wie?"

„Yeah, da war mir alles klar. Es konnte gar nicht anders sein. Welche Chance hatte ich noch, nachdem Johnny tot und der Bandit Zeuge war, daß *ich* Johnny erschossen hatte und der Viehräuber war, der seit einem halben Jahr Herden stahl? Der alte Hamp war blind vor Zorn. Das alles klang wahrscheinlich, und Gonzales konnte damit rechnen, daß ihn seine Gefährten, die ja nur er kannte, herausholen würden."

Matt Larkin schüttelte den Kopf.

„Das wird ihnen nicht gelingen. Er ist im Gefängnis in Prescott. Da holt ihn keiner raus. Jim, deine Geschichte hat einen einzigen Haken: Bonney Gonzales bezeugt, daß du der Chef der Bande warst und daß *du* Johnny erschossen hast!"

„Soll er zugeben, daß *er* ihn erschossen hat?"

„Hm, aber wenn's dir nach geht, gibt es noch sechs Männer, die wissen, daß Johnny der Boss war."

„Wer sucht nach ihnen?" erwiderte Jim grimmig. „Niemand kennt sie, außer Bonney. Sein Schweigen ist seine Hoffnung, daß sie etwas für ihn tun werden. Er wäre verrückt, wenn er in seiner Lage die Wahrheit sagen würde. Wenn er gesund ist, würde man ihn wegen Mordes an Johnny Carruther hängen. Daß er mich beschuldigt, ist seine Sicherheit."

„Und warum hast du nicht versucht, die Wahrheit aus ihm herauszupressen?"

„Hätte ich dazu Gelegenheit gehabt? Und im übrigen vergreife ich mich nicht an einem Verwundeten. Nein, nein, Matt, ich weiß, welche Töpfe in dem Augenblick anfingen zu kochen, als Gonzales seine Aussage gemacht hatte."

„Also gut, ich gebe zu, deine Geschichte ist eine gute Geschichte. Aber Gonzales hat den Haken in der Hand, an dem sie hängt. Vieles an dem, was er sagt, ist logisch, Jim, das mußt du zugeben."

„Nichts ist logisch daran!"

„Du meinst das Geldausgeben und dein Konto bei der Bank? Well, das kann man nicht nur für dich, sondern auch gegen dich verwenden! Du bist clever, Jim, das weiß halb Arizona. Ein Mann, der nach außen hin kein Geld braucht und keins hat, der ist unverdächtig. Johnny aber brauchte viel Geld. Er hat eigentlich nichts getan, um keinen Verdacht auf sich zu lenken. Du aber hast alles durchdacht. Kein Geld ausgegeben, und fein säuberlich gespart. Vom Lohn, versteht sich. Das Große Geld ist irgendwo anders. Nun, Jim, ist das vielleicht nicht logisch, wenn der Bezirksankläger das den Geschworenen vorhält?"

„Wer ein Haar in der Suppe findet, fragt nicht danach, wie es reingekommen ist." Jim gähnte. Er blickte den Deputy gerade an und sagte: „Du kannst mich nicht davon überzeugen, daß hängen für mich besser ist, als in der Gila einen Deputy Sheriff zu begraben."

Matt Larkin verzog den Mund zu einem Lächeln. „Aber du legst Wert darauf, daß ich eines natürlichen Todes sterbe, nicht wahr?“

„Hm, das ist nicht gesagt. Nein, Matt, du bist vielleicht zäher als ich annehme, und von einem gewissen Zeitpunkt an kann ich mir Warten nicht mehr erlauben. Ich werde dich genau zwischen die Augen treffen, Matt, wenn's soweit ist.“

„Das erinnert mich an was. Johnny war kein großer Schütze. Das erklärt, warum er selber dreimal getroffen wurde. Du bist aber ein großer Schütze, ein ganz selten großer sogar. Und das erklärt, Jim, warum du Johnny, King und Gonzales getroffen hast, ohne selber einen Kratzer abzukriegen.“

„Sicher“, Jim nickte mit geschlossenen Augen. „Aber eins gibst du doch zu, Matt...“

„Und das wäre?“

„Ich bin seit vier Jahren als ehrlicher und offener Mann bekannt. Man kann doch wohl behaupten, daß ich geachtet wurde.“

„Yeah, das kann man behaupten.“

„Und wer ist Bonney Gonzales? Ein Raufbold, Trinker und Spieler, den noch niemand arbeiten gesehen hat, der aber stets viel Geld in den Taschen hatte. Er gibt zu, ein Viehdieb zu sein. Richter, Sheriff, Ankläger, Rancher und Deputies aber glauben einem Banditen mehr als einem ehrenhaften Manne! Der eine behauptet das, der andere das Gegenteil. Das Ganze ist also nur eine Frage, wem man glaubt! Und Gonzales hatte kaum den Mund aufgemacht, da glaubtest du ihm sofort, und der Sheriff und Miller und die anderen glaubten ihm aufs Wort.“

„Nachdem du geflohen warst, Jim.“

„Nein, Matt, in der Blockhütte wußte niemand, daß ich davonlaufen würde. Ihr habt nicht gesagt, well, dann wollen wir einmal hören, was Jim dazu sagt. Wenn ich auch nur ein Wort von Mißtrauen gegen diesen Banditen damals in der Hütte gehört hätte, so wäre ich reingekommen! Aber ich habe nur Verwünschungen gehört. ‚Dieser verdammte Lump', das hast du gesagt, Matt."

„Das stimmt. Yeah, das stimmt. Ich muß darüber nachdenken. Das ist bis jetzt das einzige, über das ich mir Gedanken machen werde."

„Die kann ich dir ersparen. Ich habe vergessen, mir den Namen Brown oder Smith zuzulegen. Mir war Jim genug. Und dann die Kugel in meinem Halse, als ich hierherkam." Jim lächelte. „Ein gesuchter Mörder! Ein Mann, der sich bei uns verkriechen will. Ein Mann, der seine Vergangenheit verschweigt. Ich ging nicht in die Kirche, begehrte keine der Töchter des Counties. Ich trank nicht einmal am Sonntag Whisky. Ich machte keinem was vor. Sowas ist den Leuten unbehaglich. Und wenn etwas zu lange unbehaglich bleibt, so wird es unheimlich. Da ist ein Mord, da ist Viehraub eine Erklärung, die man sich dankbar wie Salz in die Suppe streut. Das ist die Moral von Pfeffersäcken, Matt! Mit dieser Überzeugung haben die Puritaner, die man hier im Westen so verachtet, ganze Völkerstämme ausgerottet. Und ihr seid eben Puritaner."

„Das könnte sein, Jim", sagte Matt Larkin. Auch er schloß die Augen.

6

Sechs Skalps sind sechzig Dollar

„Als mit Ausbruch des Bürgerkrieges die US-Truppen aus dem Westen abgezogen wurden, beherrschten die Apachen die Gila souverän. Nur Tucson und Tubac überlebten als Städte. Rancher, Bergmänner, Prospektoren, Reisende wurden ermordet, der Rest gab auf und verließ das Land – bis auf einen: Pete Kitchen, ein Rancher, der das Motto der Apachen ‚Bring jeden um, der einen Hut trägt' ins Gegenteil umkehrte: ‚Ich schieße auf jeden, der keinen Hut trägt.' Kitchen siedelte am Porterero Creek, züchtete Gemüse, Mais, Kartoffeln, Früchte, Melonen und Schin-

ken. Die Apachen griffen seine festungsähnliche Ranch ununterbrochen an, Tag und Nacht, oft dreimal in 12 Stunden. Sie töteten sein Vieh, ruinierten seine Felder, ermordeten seinen Vormann und brachten seine Reiter um. Pete Kitchen revanchierte sich umgehend: Wo immer er einen Apachen sah, erschoß er ihn. Er nahm den Toten die Skalps, hing die Leichen an Kakteen auf, tötete sie zu Dutzenden und schlug alle Angriffe ab. Er stellte ihnen Fallen, legte sie immer wieder herein und tötete sie, manchmal acht an einem Tag. Schließlich gaben die Apachen auf und machten einen weiten Bogen um diesen unbesiegbaren Mann, der selbst in Tombstone von 1862, als er auf dem Gehsteig einen Apachen erblickte, sofort schoß und den Indianer auf der Stelle tötete und ihm seelenruhig den Skalp nahm."

Edwin Corle in: The Gila, S. 280–283

Apachen!" schrie Matt Larkin und rüttelte Jim wach. Der Texaner sprang auf die Beine und folgte dem Deputy Sheriff zu einem Mespuitestrauch. Dort blieb Larkin stehen und deutete nach Westen in das Abendrot. Auf einem etwa eine Meile entfernten Wellenkamm der Wüste hoben sich sechs Gestalten dunkel und scharf gegen den roten Himmel ab, wie aufrechtgehende Ameisen.

„Ich beobachte sie seit einer Stunde. Zuerst tauchten sie hinter diesem Hügel auf. Es sah aus, als würden sie von Süden nach Norden wandern. Aber jetzt sind sie uns näher gekommen und bewegen sich genau auf unserer Fährte, Jim."

„Es müssen junge Krieger sein, weil sie laufen und ohne Pferde sind. Sie haben das Pferd gefunden, und sie wissen, was es bedeutet, wenn zwei Weiße zu Fuß durch die Gila laufen. Sie haben es auf unsere Waffen abgesehen." Jim ging mit weiten Schritten zurück und umkreiste den Felsenturm, bis er einen freien Blick nach Osten über die Wüste hatte. Dort blieb er stehen, und Matt Larkin drängte: „Los, wir müssen hier weg."

Aber Jim schüttelte den Kopf.

„Soweit man sehen kann, ist nirgendwo eine Deckung. Sie sind verdammt gut zu Fuß, Matt. Sie laufen schneller und ausdauernder als wir, wenn wir gute Pferde hätten. Wir kämen nicht weit. Und sieh dir das an, da hinten ist es auf mindestens fünf Meilen flach wie ein Teller. Wir müssen sie hier erwarten."

„Bist du verrückt? Sechs Apachen."

„Wenn wir sie nahe genug herankommen lassen, schießen wir sie ab wie die Hasen."

„Und dann? Wenn sie sich von ihrer Horde nur unseretwegen getrennt haben, so werden wir bald den Rest auf dem Halse haben."

„Möglich. Aber dann sind das sechs weniger."

Matt Larkin rieb sich über die eingefallenen, stoppeligen Wangen und versuchte Speichel im Munde zu sammeln. Er hob den schlaffen Ziegenbalg vom Boden auf, schüttelte ihn, warf ihn weg und preßte die Lippen zusammen.

„Ob bei der Horde, die die Mexikaner umgebracht hat, Frauen waren?"

„Es sind immer Frauen und Kinder dabei. Die Spuren der Travois waren ja zu sehen. Wir können also mit etwa zehn bis fünfzehn Männern rechnen. Wenn dir ein Gebet einfällt, dann bete, daß diese Sechs da hinten die einzigen Männer unter ihnen sind."

„Gib deine Hände her." Jim reichte ihm grinsend die gefesselten Hände, Larkin holte den Schlüssel aus der Hosentasche und schloß die Fesseln auf. Die Entzündungsringe um Jims Handgelenke waren dicker geworden. Deutlich sah man gelbe Eiterstellen unter der Haut glänzen. Die Handgelenke mußten dem Texaner starke Schmerzen verursachen.

Matt Larkin griff in die Tasche und reichte Jim zwei Munitionsschachteln .44-40er Patronen und seinen Peacemaker. Die Apachen waren inzwischen im Schlagschatten der untergehenden Sonne beim Verlassen der Hügelkuppe verschwunden. Jim lud seinen Revolver auf. In das Röhrenmagazin seines Winchestergewehrs gingen fünfzehn Patronen, und er stieß eine vor dem geöffneten Auswerferschlitten in den Lauf. Zufällig war dabei die Mündung des Gewehrs genau auf Matt Larkins Bauch gerichtet. Jim blickte den Deputy lächelnd an, als er den gespannten Hahn in die Sicherungsstellung einrasten ließ. Eine ungeschickte Bewegung des Daumens, und der Schuß hätte sich gelöst.

Larkin hatte den Blick seiner grauen Falkenaugen auf den Texaner gerichtet. Er überprüfte sein Gewehr, repetierte die alten .45-60er Patronen heraus, sammelte sie auf und lud frische aus einer Packung nach.

Er leerte zwei Schachteln .45er Hartbleipatronen für seinen Revolver in die linke Hosentasche und legte beide Hände stützend auf die Mündung des Gewehrs.

„Wenn wir eine Sharps hätten, könnten wir sie aus dieser Entfernung abschießen", meinte er.

„Wir haben aber keine Sharps. Die Apachen sind miserable Schützen mit Feuerwaffen. Solange sie nicht näher als hundert Schritte kommen, könnten wir

Poker spielen. Wenn sie so scharf hinter Repetiergewehren her sind, ist anzunehmen, daß sie welche brauchen, also ..."

„... schlechter bewaffnet sind als wir?" ergänzte Larkin.

Jim nickte zustimmend. „Wenigstens ein Teil von ihnen. Jetzt paß auf, Matt, wir werden uns dort in die Nische legen. Wir türmen eine Brustwehr davor auf. Hier, in einem Halbkreis, daß wir auch Burschen, die sich von der Seite nähern, im Auge haben. Einer muß auf den Felsen rauf, um zu verhindern, daß sie uns einkreisen und von hinten selber hinaufklettern." Jim griff in die Tasche und legte einen Silberdollar auf den Handrücken.

„Kopf oder Adler, Matt?"

„Adler." Die Münze flog in die Luft und landete vor Larkin im Staub. Der Deputy bückte sich. „Du gehst rauf", sagte er Jim.

„In Ordnung."

„Die Burschen müßten doch Wasser bei sich haben. Die ..."

„Haben sie auch. Mit Sarsaparillasaft gemischt. Meistens tragen sie es bei Fußmärschen in kopfgroßen ausgehöhlten und verholzten Melonen am Gürtel." Die Männer begannen, um die Felsennische, die schon in tiefem Dunkel lag, aus Steinen eine Brustwehr zu bauen. Sie waren so schwach geworden, daß sie immer wieder Pausen machen mußten. Dann kam der Zeitpunkt, an dem nur noch ein schmaler kupferfarbener Lichtschein den Horizont hinter einem pflaumenblauen Nachthimmel zum Leuchten brachte. Plötzlich erschienen die sechs Apachen, keine achthundert Yards mehr entfernt, scharf gegen dieses Licht abgezeichnet auf der letzten Hügelkuppe vor dem Wellental der Wüste, in dessen Mitte sich der Turm befand.

Die Männer starrten in die Richtung, solange sie zu sehen waren. Dann hatten sie die Wehr fertiggestellt. Sie legten alle ihre Habe dahinter. Jim ließ sich sein Bowiemesser geben und schlug mit der schweren Klinge im Umkreis von sechzig Schritten alles Gesträuch ab. Das abgeschlagene Dorngestrüpp warf er in einen Felsspalt.

„Der Mond ist zwar gut, aber laß sie ganz nahe herankommen. Sie nehmen an, daß wir schon weg sind. Sie sind es gewöhnt, daß Weiße vor ihnen fliehen."

„Sie müßten doch wohl auch annehmen, daß wir gar nichts gesehen haben, denn als sie auftauchten, war es schon kühl geworden."

„Richtig. Der Wind steht günstig. Wir werden sie riechen, noch bevor wir sie sehen." Jim kletterte den Turm hoch, um den herum sich Geröll aufgetürmt hatte. Als er oben war, gab er Larkin ein Zeichen.

Jim hörte den Deputy innerhalb der Brustwehr umhergehen. Das Rasseln der Sporen tönte blechern zu ihm herauf. Die Abkühlung über der Wüste begann fast augenblicklich mit dem Sonnenuntergang. Sie verursachte zwischen warmen und kühleren Luftströmungen sofort heftige Bewegungen, die sich in plötzlichen Windstößen aus heiterem Himmel entluden. Von der Spitze des Turms konnte Jim das Schauspiel der trichterförmig aufwirbelnden Staubwolken beobachten, die wie formlose Wüstengeister zwischen den staudenförmigen Dornbüschen umhertanzten. Wenn ein besonders heftiger Auftriebswind größere Staubkristalle gegen die pergamenttrockenen Blaudornstengel blies, erfüllte für Sekunden ein seltsam dumpfer Heulton die Luft.

Das poröse Gestein, auf das er die Hand legte, strahlte die Hitze des Tages aus, und er beobachtete, wie aus einem Spalt braunglänzende Rhinozeroskäfer gekrochen kamen, die fast handlangen gespinstdünnen Flügel spreizten und sich mit sattem Brummton in die Luft erhoben. Fingerlange Tarantelwespen schossen an seinem Gesicht vorüber, begannen sich irgendwo in der warmen Luft über dem Turm zu sammeln, zu einem dichten Schwarm zu ballen, der summend hin und her wogte, und sich dann als ballförmige Wolke, dicht über dem Boden schwebend, davonzuschwingen.

Der Texaner ließ sich auf die Knie nieder und schaute nach Westen. Leblos wie der faltige Bauch eines Verstorbenen lag die Wüste im Mondlicht. Jim nahm einen Stein zwischen die Zähne, aber er vermochte keinen Speichel mehr hervorzurufen. Der Mund war trocken bis tief in den Hals hinein, und die Schleimhäute waren entzündet und heiß und begannen anzuschwellen. In der Zunge verursachte ein Gefühl dumpfer Abgestorbenheit den Eindruck, als blähe sie sich langsam auf wie ein Luftballon und würde bald den ganzen Mund ausfüllen.

Larkin war stehengeblieben. Man hörte, wie er die Sporen abschnallte und irgendwohin warf. Der Duft von Tabakrauch stieg zu Jim hoch.

Die Nacht der Gila war hell und schattenlos vom Licht eines senkrecht darüber leuchtenden Vollmonds. Plötzlich beugte sich Jim vor und rief leise: „Paß auf, Matt, ich rieche sie.“

„Ich dachte schon, es gäbe Stinktiere in der Nähe“, gab Larkin zurück.

Von nun an schwiegen und lauerten sie. Der Texaner oben, der Mann aus Montana unten an dem Felsturm in der Wüste. Matt Larkin spürte das Gewicht der Stahlfesseln in der Hosentasche, und an seinen Mundwinkeln gruben sich grimmige Falten ein, als er daran dachte, daß sein Gefangener nicht weniger bewaffnet als er war.

Vor sich hatte er den sandigen Boden, der nun fest und grau wie Blei schien. Larkin wurde wütend über die Ruhe, über diese falsche, heimtückische Stille, in der man das eigene Blut rauschen hörte. Er hatte keine Ahnung, wieviel Gewicht er verloren hatte, seit er bei den White Tanks zum ersten Male die unendliche Öde der Gila betrat. Er wußte nur, daß es viele Pfunde waren. Die Hose hatte er vorne und hinten bereits gefaltet und immer wieder neue Löcher in den Gürtel gebohrt. Das Hemd schlotterte um ihn wie ein Theatervorhang. Wohin er sich an seinem Körper faßte, spürte er Knochen und eine Haut, runzelig und lederhart wie die eines alten Mannes. Die Apachen, die er bisher gesehen hatte, waren alte schläfrige und schmutzige Greise gewesen, die stunden- und tagelang vor einem Speiserestaurant stehen konnten, bis an die Nase in eine fadenscheinige Decke gehüllt, einen schwarzen Topfhut auf dem Kopf, ohne Leben wie Figuren aus Holz.

Ein Windstoß wehte ihm harte Sandkristalle ins Gesicht und überschüttete ihn mit alkalisch riechendem Staub. Er kaute auf einem steinharten Stück Pferdefleisch, bis ihm die Zähne so schmerzten, daß er es ausspuckte.

Der Stahl des Gewehrschlosses in seiner Hand war warm. Irgendwo im Gewirr des Gerölls kollerte ein Stein mit dumpfem Poltern in eine Spalte hinein.

Dann hörte Matt Larkin kehlige Stimmen in der Stille,

die sich kurze Silben zuriefen. Er glaubte einen strengen Geruch nach ranzigem Fett wahrzunehmen, und nun waren sie plötzlich da. Zuerst vier, dann fünf und nun auch der sechste Apache. Sie tauchten zwischen Dorngestrüpp auf wie aufgerichtete Schatten. Drei hielten lange Gewehre in den Händen, deren Läufe im Mondlicht matt reflektierten. Einer von ihnen lachte leise und kreischend, ein anderer antwortete mit einem Laut, der in Larkins Ohren wie der unterdrückte Schrei einer Eule klang.

Larkin nahm die Winchester an die Schulter, blickte über Kimme und Korn und hatte einen der untersetzten und kleinen Männer im Visier. Nun hatten sie die letzten Büsche vor der Brustwehr erreicht. Sie waren immer noch dicht beisammen, und Larkin konnte die nackten Oberkörper erkennen, die Tücher, die sie in Streifen um die Köpfe gebunden trugen, und das lange schwarze Haar, das ihnen bis über die Schultern fiel. Als der erste aus dem Gestrüpp hervortrat, sah Larkin, daß er bis auf einen sehr breiten Ledergürtel, an dem ein Lendenschurz befestigt war, und hochschäftige Moccassinstiefel nackt war. Er war ein kräftiger Bursche mit nicht sonderlich breiten Schultern. Er hielt ein Gewehr in der linken Hand und schob etwas in den Mund, an dem er schmatzend kaute.

Dieser Apache war jung, was Matt an seiner Stimme feststellte, mit der er zurückschrie, stehenblieb und plötzlich mit hohen Tönen kreischend lachte.

Die anderen kamen nun auch aus dem Buschgürtel hervor. Nur einer von ihnen trug eine zerfetzte Lederhose. Als er den Kopf hob, fiel das fahle Mondlicht einen

Augenblick auf seine Augen, und es spiegelte sich darin blitzartig wie auf poliertem Obsidian.

Der erste Apache hatte sich umgedreht und ging, redend und gestikulierend, rückwärts genau auf die Brustwehr zu.

Larkin zielte genau zwischen die Schulterblätter, und für einen Augenblick war ihm unerklärlich, daß diese Wilden, denen man geradezu phänomenalen Spürsinn nachsagte, nicht gemerkt haben sollten, daß sie in eine Falle liefen.

Als der Apache so dicht herangekommen war, daß Larkin die handtellergroßen silbernen Conchos erkennen konnte, die auf den Gürtel genäht waren, drückte er ab und schloß gleichzeitig die Augen, um von dem Mündungsblitz nicht geblendet zu werden. Der Schuß dröhnte wie eine Kanone, als Larkin die Augen wieder aufmachte, lag der Apache auf dem Gesicht, und oben vom Turm krachte Jims Winchester. Einer nach dem anderen brachen die Apachen zusammen. Larkin konnte gerade noch den letzten, der geblendet und wie angewurzelt vor einem Dornenstrauch stand, niederschießen. Das alles hatte noch keine vier Sekunden gedauert, und als sich Matt Larkin mit bleischweren Knien erhob, wußte er, daß es vorbei war.

Als sich zwei der Apachen krampfhaft aufzurichten versuchten, stieg Larkin über die Brustwehr, zog seinen Revolver, ging auf den ersten zu, der sich auf die Knie aufrichtete und sich schwer auf die Hände stützte und den Kopf schüttelte, als wäre er gerade aus dem Wasser gekommen. Matt sah zwei große Melonen an seinem Gürtel hängen. Er richtete den Revolver auf den Kopf des Apachen und drückte ab. Die schwere Kugel schmetterte den jungen Krieger zu Boden. Der andere war über ein Knie zur Seite gerutscht und saß nun da, eine Hand gegen die Brust gepreßt, die andere abwehrend gegen Matt erhoben, der seinen Revolver gegen das Gesicht des Kriegers richtete und abdrückte.

Larkin nestelte eine der Melonen vom Gürtel des Erschossenen und schwenkte sie mit beiden Händen. Die Melone war schwer, und das Wasser darin gluckerte. Es war ein einfacher Holzpfropfen in das Gefäß hineingepreßt. Es knallte, als er ihn herauszog, und während er in langen Zügen trank, sah er Jim schattenhaft gegen den Himmel sich abzeichnend den Turm herunterklettern. Das Wasser schmeckte bitter.

Larkin untersuchte die Toten. Jeder von ihnen, außer dem Burschen, den er zuerst gesehen hatte, besaß zwei solcher Gefäße am Gürtel. Larkin sammelte zehn Melonen und brachte sie zur Brustwehr. Wortlos reichte er Jim eine, als dieser vor seine Füße sprang. Jim trank und ging dann von einem Toten zum anderen. Bei einem blieb er stehen, zog den Revolver, zielte kurz und drückte ab.

„Wenn mir das irgend jemand hätte weißmachen wollen, ich hätte ihn hart ausgelacht“, sagte Larkin. Er saß auf der Brustwehr, trank in langen Schlucken aus seiner Melone und schüttelte immer wieder den Kopf. „Und ich hatte mich auf einen heißen Kampf um Kopf und Kragen vorbereitet. Sie standen da wie Gipsfiguren. Es war ein Scheibenschießen!“

„Du hättest nur eine Sekunde früher oder später zu schießen brauchen, Matt, dann sähe es verdammt anders aus! Du den ersten, ich den letzten. Unsere Schüsse fielen gleichzeitig. Wir sind ein prächtiges Team, Matt. Wir können mit Apachenskalps einen Haufen Geld verdienen. Im Pima und Cochise County zahlen sie zehn Dollar pro Skalp."

Larkin lachte rauh. „Da liegen sechzig Dollar."

Jim rollte sich eine Zigarette, steckte sie zwischen die Lippen und fragte: „Feuer, Matt?"

Larkin griff in die Tasche, holte zwischen den Patronen ein Zündholz hervor, riß es an und hielt die Flamme hin. Er schaute zu, wie sich die Glut durch das Papier fraß und spürte plötzlich einen sanften Druck gegen den Leib. Die Flamme hatte Larkin geblendet. Er wurde steif und senkte den Kopf. Dort war Jims Colt zu sehen. Der Daumen des Texaners lag mit der Gelenkbeuge über dem gespannten Hahn.

Mit der anderen Hand zog Jim, der den Deputy starr anschaute und lächelte, Larkins Revolver aus dem Holster und steckte ihn sich selbst in den Hosenbund.

„Mein Spiel", sagte Jim. Er griff in Larkins Hosentasche, holte die Handschellen hervor, und zweimal schnappten die Stahlklammern zu.

„Du hättest wissen müssen, daß der Augenblick, an dem du mir Feuer gabst, der einzige war, an dem wir uns gegenseitig überraschen konnten. Wie hätten wir ausgesehen, wenn wir uns gegenseitig beide die Revolver in die Bäuche gehalten hätten. Wo hast du den Schlüssel, Matt?"

„In der Hemdtasche links."

Jim nahm den Schlüssel raus und steckte ihn ein. Er zog sein Messer aus der Scheide, prüfte mit dem Daumennagel die Schneide und ging zu den Toten hin.

„He, bist du verrückt?" rief Larkin, als er sah, wie Jim

dem ersten Toten ins Haar griff und seinen Kopf hochhob. „Was willst du da machen?“

Jim kam zurück, warf Larkin einen kurzen Blick zu, flocht die langen Haarsträhnen der sechs Skalps zusammen und hängte sie an seinen Gürtel. „Wer weiß, wem man in der Wüste begegnet“, sagte er ungerührt. „Oft ist ein Silberdollar nicht das Gewicht wert, das man herumträgt. Aber ein Apachenskalp hat immer seinen Wert in Wasser, Tortillas oder Chili mit Bohnen.“

„Es ist barbarisch, sich die Körperteile seiner Feinde an den Leib zu binden.“

„Du denkst zu geschwollen, Matt. Aber keine Angst, du wirst dir das bald abgewöhnt haben.“

„Wir müssen jedenfalls jetzt weg von hier.“

„Da hast du ausnahmsweise recht. So, jetzt zieh mal die Stiefel aus.“

„Warum?“ fragte Larkin argwöhnisch. Jim lachte.

„Denkst du, ich würde dich auf den nackten Füßen laufen lassen? Matt Larkin!“ Jim holte aus der Jackentasche die Büchse mit grauer Salbe hervor und riß die blutdurchtränkten und verkrusteten Fußlappen von Larkins Füßen ab. Der Deputy preßte die Lippen zusammen, konnte aber ein Stöhnen nicht unterdrücken. Jim schmierte das rohe Fleisch der Fußsohlen mit Salbe ein. Dann untersuchte er die Holzmelonen der Apachen und füllte sie auf, daß gerade noch die Pfropfen rein gingen. Zwei leere Melonen blieben übrig. „Das reicht eine Weile. Na, wie geht's jetzt?“

„Es tut gut und zieht ein bißchen.“

„Das ist richtig. Bald wirst du wieder Haut drauf haben. So, jetzt nimm deine Stiefel und laß dein Wasser in sie ab.“

„Feiner Witz“, knurrte Larkin. „Woher soll ich Wasser haben?“

„Du hast viel getrunken. In einer halben Stunde geht’s. So lange muß die Salbe sowieso einziehen. Zigarette, Matt?“

Er steckte dem Deputy eine Zigarette zwischen die Lippen und hielt ihm eine Zündholzflamme hin.

„Ob sie nicht die Schießerei gehört haben?“ fragte Larkin.

„Der Wind weht aus Nordwesten. Kann sein, daß die Horde nichts gehört hat. Und wenn, so ist sie so weit weg, daß sie nicht unterscheiden können, ob es die Gewehre ihrer Krieger waren. Ach ja, die Schießprügel.“

Jim nahm die Gewehre nacheinander und zertrümmerte ihre Schlösser am Felsen.

Als sie sich auf den Weg machten, schwebten schwarze Insektenwolken über den Toten.

7

Jim Baker, der Revolvermann

„Unsere Kriegshorde bestand aus 175 vollausgerüsteten Kriegern und einer großen Anzahl Jünglinge, die wohl am Kampf nicht teilnehmen durften, aber den Kriegern halfen, indem sie sich um die Waffen und ums Essen kümmerten. An einem Morgen im Spätherbst brachen wir auf. Das Wetter war klar und kühl. Ramos war nur 180 Meilen entfernt, so daß wir es in 2–3 Tagen erreichen würden. Apachenkrieger sind es gewöhnt, am Tage in rauhem Gelände bis zu 75 Meilen zurückzulegen. In dieser Hinsicht sind wir ganz sicher die besten Krieger dieser Welt.

An einem Wasserloch bei Ramos kampierten wir und hielten nach mexikanischen Soldaten Ausschau. Es waren keine zu sehen. Häuptling Baishan teilte die einzelnen Gruppen ein und sagte ihnen, wie sie angreifen sollten. Dann nahmen wir die Hemden ab und legten sie gefaltet unter unsere Gürtel. Dies taten wir immer vor einem Angriff, damit wir Freund und Feind voneinander unterscheiden konnten, denn die anderen trugen ja stets Hemden. Unsere dunkle Haut tarnte uns aber auch besser als ein helles Hemd. Und überdies war ein Hemd zu kostbar, um es in der Schlacht zerstören zu lassen. Nackt bis auf Mokassins und Lendenschurz, griffen wir mit der Morgendämmerung die Stadt von allen Seiten an, aber erst als wir schon in allen Straßen waren, stießen wir unseren Kriegsschrei aus. Alle Pläne und Befehle waren vergessen. Wo immer Mexikaner zu sehen waren, wurden sie mit Keulen erschlagen, mit Lanzen niedergestoßen, mit Pfeilen erschossen, mit Beilen zerhackt. Dann standen uns 30 bis 40 Mexikaner mit Gewehren gegenüber und schossen aus kurzer Entfernung. Viele von uns wurden verwundet, aber dann gab es keine Männer mit Gewehren mehr. Die Luft war voll von schwirrenden Pfeilen und Wehgeschrei. Wir machten keine Gefangene. Wir gingen von Straße zu Straße, von Haus zu Haus und töteten alles, was sich bewegte. Wir zündeten alles an und riefen unsere Jünglinge herbei, damit sie halfen, die Beute zu tragen. Dann war der Kampf zu Ende. Kein einziger Skalp wurde genommen, denn das ist nicht Art der Apachen. Der Sieg war komplett, nur ganz wenige Mexikaner entkommen. Es war der größte unserer Siege.“

Jason Betzinez (Apache) in: „I fought with Geronimo“

Während der ersten Stunden bereitete das Gehen Matt Larkin große Schmerzen, die aber allmählich nachließen. Sie hatten sich am Wasser der Apachen regelrecht gesättigt, und Larkin hätte es nie für möglich gehalten, daß ein Mann mit zwei Litern Wasser im Leib sich so wohl fühlen konnte. Doch Jim legte immer wieder Ruhepausen ein und warnte den protestierenden Deputy Sheriff vor Überanstrengung.

„So wohl du dich jetzt fühlst, Matt, dieses Gefühl täuscht. Das ist wie mit einer Lederhaut, die langsam in der Sonne ausgetrocknet ist und die man plötzlich in Wasser wirft. Sie saugt sich voll, aber wenn man sie mit zu großer Kraft auseinanderzieht, reißt sie."

„All right, all right", sagte Larkin, und er schaute zurück zu dem Felsenturm, der sich wie eine abgehackte gewaltige Kirchturmspitze aus der Wüste erhob. Plötzlich stieß Larkin einen Ruf aus und reckte die gefesselten Hände nach Süden. „Wolken!" schrie er, „sieh nur, richtige schwarze Wolken!"

Jim schüttelte den Kopf. „Sie ziehen gegen den Wind. Das bedeutet Kälte, aber keinen Tropfen Regen."

„Aber sie sind doch schwarz, verdammt noch mal! Seit wann sind das keine Regenwolken? In Wyoming würde man jetzt schleunigst eine Herde in einen Canyon treiben."

„Hier bist du in der Gila, Matt, und Regen kommt immer nur aus dem Nordwesten."

Mit Augen grau wie Rauch starrte Larkin den Texaner an. Dann setzte er seinen Weg fort. Immer wieder mußte er sich die Hose hochziehen, weil die vier vollen Melonen an seinem Gürtel das Kleidungsstück herunterzogen. Jim hatte die beiden Gewehre an den Läufen gepackt und sie geschultert. Seine Hosentaschen beulten sich von der Munition. Die trockenen Fleischstränge hingen ihm um den Hals und klapperten bei jedem Schritt aneinander wie Holzstücke. Auf seinem bärtigen Gesicht lagen tiefe blaue Schatten.

Als sie am Rande einer flachen Senke lagerten und sich Matt Larkin niederließ, riß die Hose über seinem rechten Knie auf und klaffte weit auseinander.

„Ich habe sie mir erst vor sechs Wochen gekauft“, meinte er.

„Hier wird in wenigen Tagen alles trocken wie Zunder. Du mußt dich mit dem Gedanken vertraut machen, bald nackt zu laufen. Jim lachte auf und tippte gegen Larkins Silberstern. „Sag mal, wirst du dir dann den Orden an die Haut feststecken? So müßte dich Lady Nancy sehen.“

„Laß sie aus dem Spiel“, sagte Larkin müde. Jim entkorkte eine Melone und reichte sie ihm. Der Deputy trank in durstigen Schlucken.

„Warum? Das Elend eines Mannes ist das Sicherste, um eine Frau zu gewinnen. Als großmächtiger Gesetzeshüter und Menschenjäger forderst du Frauen nur zum Widerstand heraus. Aber nackt in der Wüste und auf Plattfüßen, das ist eine Sache, sage ich dir.“ Er nahm von Larkin die Melone entgegen und hielt die Öffnung ans Ohr. „Hast du dich an den Sarsaparillageschmack gewöhnt?“

„Ich bin so weit, daß ich alles trinken würde, was flüssig ist.“

„Eigentlich war es pure Verschwendung, daß wir die Apachen so liegen gelassen haben.“

„Verstehe ich nicht.“

„Dann hast du noch nie von Burro Frenchy gehört?“

Larkin schüttelte den Kopf und kaute auf einem Stück Fleisch herum.

„Der war mal mit einem Partner allein in der Mohavewüste. Nach einem Sturm hatten sich die Sanddünen so verändert, daß sie keinen Weg mehr raus fanden. Burro Frenchy hat seinen Partner umgebracht und gefressen."

„Feine Geschichte."

Jim grinste Larkin breit an. „Aber du brauchst dir keine Sorgen zu machen. An dir ist nichts mehr dran."

„Hast du das schon mal gemacht?"

„Nein. Aber wenn den Tonkawas zum Beispiel das Futter ausgeht, so machen sie sich nichts draus, den Schwächsten von ihnen zu rösten. Das ist einer der Gründe, warum sie nie zu schnappen sind, wenn sie einmal in der Wüste untertauchen. Übrigens, sieh mal, wo deine Regenwolken geblieben sind."

Die Wolken schienen von Süden her immer höher gestiegen zu sein und sich schließlich in der Stratosphäre zu einem durchsichtigen dunklen Schleier aufgelöst haben. Der Wind zerrte an den langen Samenfäden eines Acacias-Strauches und blies einige davon in Larkins Gesicht, wo sie augenblicklich ein heftiges Brennen auf der Haut verursachten.

„Das ist vielleicht eine komische Landschaft." Larkin wischte sich brummend die Fäden aus dem Gesicht und versuchte die gefesselten Hände gegeneinander zu reiben, weil diese nun auch brannten. „Blätter haben die Pflanzen, die man hier sieht, so gut wie keine. Alles ist hart und..."

„... gepanzert", sagte Jim lächelnd. „Der Mensch hat einen Revolver, Pulver und Blei, Matt. Die Pflanzen hier haben Dornen. Spitz und lang wie Dolche, dünn wie Nadeln, oder sie sind wie Angelhaken. Die Natur starrt nur so in Waffen. Sieh dir die Tiere an: Skorpione, Taranteln, Tausendfüßler, die Insekten und die Klapperschlangen, die Käfer, Wespen und Ameisen, das Gilamoster. Alle haben giftige Zähne, Stacheln und Drüsen. Du schließt für einen Augenblick die Augen, kommst so einem Vieh zu nahe, und schon ist es aus und vorbei mit dir. Du gehst zugrunde, noch ehe du es begriffen hast. Aber sag mal, Matt, da oben bei euch in Montana geht es den Leuten im Winter auch nicht viel anders, wie ich gehört habe."

„Ein Blizzard ist jedesmal ein kleiner Weltuntergang", sagte Larkin. „Dann im Frühjahr die Überschwemmungen. Ich habe Flüsse gesehen, die sich über Nacht in Meere verwandelten. Wie kommt es, daß du als Cowboy davon nichts weißt?"

„Ich war nicht immer Cowboy", sagte Jim langsam, „und mein Land ist der Süden. Es ist besser, wenn ein Mann von einem alles versteht, als von vielem nur etwas."

„Yeah. Du würdest also aus der Gila herauskommen, auch ohne Pferd und Wasser, wie?"

„Das ist so eine Sache, Matt. Die Wüste hat alles, was ein Mann zum Leben braucht. Wasser und Nahrung. Zugrunde geht nur jemand, der nicht weiß, wie er findet, was er braucht. Aber Wasser und Nahrung ist nicht alles, Matt. Man muß auch einen Sinn für Glück haben. Bei den Tieren nennt man das Instinkt. Das ist wichtiger als ein Ziegenbalg voll Wasser. Man tut manches und weiß nicht warum, aber es ist dann meistens richtig."

„Verstehe. Ich glaube, du hast recht, ich hätte nicht viele Chancen."

„Gar keine, Matt. Das ist bei dir wie bei einem Mann, der in einen Fluß springt, ohne schwimmen zu können. Du gehst mit einem ungeladenen Revolver auf einen Grizzly los. Und du hast Glück, wenn ich einen schönen flachen Stein finde, auf dem ich über deinem Grab deinen Namen einritzen kann. Wie lautet dein vollständiger Name, Matt?"

„Matthew Jones Larkin."

Jim nickte. „Das macht sich gut. Ich werde schreiben: Hier ruht Matthew Jones Larkin, ein Sheriff, der es nicht gelernt hat, mit den Zähnen zu denken."

Larkin lächelte ihn an.

„Oder wie wäre das: „Sheriff Matthew Jones Larkin, der in der Gila 20000 Dollar jagte und nicht an Wasser dachte."

„Ich nehme an, daß ich noch sehr viel an Wasser denken werde."

„Hm, stimmt schon. Das ist nicht richtig ausgedrückt. Fällt dir nichts Passendes ein?"

„Ich denke immer daran, wie die Schlagzeilen der Zeitungen aussehen werden, wenn ich dich im Gefängnis abgeliefert habe."

Jetzt lachte der Texaner.

Und Larkin deklamierte: „Deputy Larkin: Gebt Jim eine faire Chance! – oder etwa: Dieser Mann ist wert, daß man ihn anhört! Oder noch besser: Kommt ein Schuldiger freiwillig zum Galgen zurück?"

Jetzt lachte Jim laut.

„Du bist naiv wie ein Kind, Matt!"

„Ich glaube nicht."

Jim beugte sich vor und betrachtete den Deputy wie eine seltene Kuriosität. „Sag, Matt, du glaubst doch nicht im Ernst, daß du hier lebend rauskommst? So dämlich kannst du doch nicht sein!“

„Doch, so dämlich bin ich, Jim. Und ich will dir auch sagen, warum: Ich habe erreicht, was ich wollte. Ich wußte, daß du in der Wüste Bescheid weißt. Drehst du mir eine Zigarette?“

„Sicher, sprich weiter, alter Freund.“

Der Deputy hob die gefesselten Hände und kratzte sich an der Stirn. „Well, ich war keine vier Tage in der Gila, als ich bereits wußte, daß ich nicht mehr umkehren konnte. Die zwanzigtausend Dollar waren bis dahin für mich das Wichtigste gewesen. Aber von dem Zeitpunkt an, wo mein Pferd zu lahmen begann und du mir den Wassersack zerschossen hattest, da ging es für mich nur noch darum, lebend wieder hier rauszukommen.“

„Aha“, sagte Jim und streckte Larkin das Tabakröllchen zwischen die Lippen. „Das ist auch etwas von den wenigen Vorteilen, die die Wüste hat, Matt: sie macht den Menschen nach einer gewissen Zeit ehrlich.“

„Nur du konntest mir die Chance zum Überleben geben.“

„Du hättest mit nach Mexico reingehen sollen.“

„Nun, du gibst zu, daß man als amerikanischer Sheriff nicht gerne auf eine glühende Bratpfanne steigt. Du hattest mich dann vollkommen in der Hand. Die Greaser hätten mich auf ein bloßes Augenzwinkern von dir hin über die Klinge springen lassen. Und was hätte näher gelegen.“

Larkin lächelte hintergründig. „Wie du siehst, schärft die Gila auch den Verstand, Matt.“ Er gab dem Manne aus Montana Feuer.

„Also gab es für mich nur eins: ich mußte es schaffen,

dich wenigstens auf amerikanisches Territorium und dann so weit wieder in die Gila hineinkriegen, daß ein Weg zurück nach Mexico einfach nicht mehr in Frage kommt. Und das habe ich geschafft."

„Stimmt, Matt, das hast du. Und wie gehen deine Kombinationen weiter?"

„Ganz einfach. Die Landkarte bestimmt alles weitere. Der nächste Weg aus der Wüste führt nach Gila Bend oder zum nächsten Brunnen im Osten. An jedem Brunnen aber gibt es einen Ort. In jedem Ort einen Marshal. Und überall liegen deine Steckbriefe."

„Das ist gar nicht sicher."

„Nein, Jim? Wie schnell mag es sich herumgesprochen haben, daß du zwanzigtausend Dollar wert bist?"

Jim benagte die Unterlippe und nickte bedächtig. „Weiter, Matt, sprich weiter."

„Da gibt es nicht mehr viele Möglichkeiten. Wo du auch rauskommst, du wirst erwartet. Du wirst viel zu geschwächt sein, um dich deiner Haut wehren zu können. Sie werden dich wie einen Hasen jagen. Und in jedem Falle ist dein Schicksal besiegelt." Larkin blies Jim Rauch ins Gesicht. „Wenn du Männer irgendeines Aufgebots erschießt, bist du geliefert. Ergibst du dich, so werden sie dich nach mir fragen. Und sie werden nach meiner Leiche suchen. Ob sie sie finden oder nicht, das alles spielt keine Rolle, du bist auch in Prescott geliefert. Die Beweise gegen dich sind zu stark. Du hast nur eine einzige wirkliche Chance."

„Und die wäre, dich lebend und gesund mit herauszubringen, wie?"

Larkin nickte ernsthaft.

„Yeah, Jim, nur diese eine. Und du kannst dir an deinen Fingern ausrechnen, was es dir einbringt, wenn ich waffenlos und gefesselt neben dir erscheine."

„So soll ich dich losmachen, mich wieder fesseln lassen, damit du ein gutes Wort für mich einlegst, wie?"

„Genau, Jim."

Jim beugte sich vor, starrte dem Deputy ins Gesicht, nahm ihm den Zigarettenstummel von den Lippen und zertrat ihn am Boden. „Hör zu," sagte er ernst, „du machst einen Fehler: Du denkst, ich hänge so am Leben wie du. Da ist ein Irrtum. Es gibt Dinge, die mir wichtiger sind. Daran, daß der Süden für eine verlorene Sache in den Krieg zog und viele lieber starben, als ohne Ehre zu sein, siehst du, was ich meine. Also, Matt, sei dir über eins klar: Meine Freiheit ist wichtiger als mein Leben! Und wenn meine Freiheit bedroht ist, dann schneide ich dir den Lebensfaden ab! Du mußt also beten, Freund Matt, jede freie Minute, die du hast, mußt du beten, daß dort, wo wir rauskommen werden, kein Steckbrief von mir liegt! Sonst jage ich dir vor den Augen deiner Retter sechs Kugeln in den Bauch!"

Larkin betrachtete Jim von der Seite, und in diesem Augenblick glaubte er ihm jedes Wort.

„Und wenn ich es für möglich halten würde, daß du Johnny nicht erschossen hast?" fragte er gedehnt.

„Dann weißt du sogar, warum du stirbst!" gab Jim mit rauher Stimme zurück. „Mir ist es egal, was du glaubst. Im anderen Falle wirst du von der Landkarte gewischt und denkst eben, daß du nur Pech gehabt hast. Das Ergebnis ist immer das gleiche, Matt. Vorausgesetzt", fügte Jim hinzu, „daß du überhaupt mit rauskommst. Und so, wie du aussiehst, brauchst du dir darum wahrhaftig keine Sorgen zu machen."

Larkin schwieg. Verwünschter Tag, an dem er nach Süden geritten war! Die Beweise für Jims Schuld waren nach wie vor die gleichen, aber er hatte den Mann, den er nur aus der Distanz gekannt hatte und für den er immer eine merkwürdige Zuneigung empfand, nun näher kennengelernt, und trotz aller Beweise begann er immer mehr Respekt vor Jim, dem Mann ohne Namen, zu empfinden. Er fühlte den Blick der harten Augen auf sich ruhen und hörte Jims Stimme sagen: „Ich weiß genau, was du jetzt denkst. Und das macht es noch schwerer. Und der Teufel soll mich holen, wenn ich dir das nicht gönne, Freund Matt!"

„Was würdest du an meiner Stelle tun?" schrie er Jim böse an.

„Dasselbe wie du! Du mußt auf eine Gelegenheit warten. Unser Spiel heißt du oder ich. Ich werde dich nicht krummschießen und auch nicht an einen Kaktus fesseln. Du wirst mir auch nicht das Versprechen geben, mich nicht fertigzumachen. Also muß ich wachbleiben. Immer, Matt. Vielleicht ist das eine Chance für dich. Aber das sage ich dir, es ist eine verdammt kleine."

„Na gut. Genau daran habe ich gerade gedacht. Also nimm dich in acht, Jim."

„Das tue ich immer. Paß auf! Ich werde mein Messer benutzen." Er hob Larkins Messer vom Boden auf und warf es dem Deputy zwischen die Füße. „Hier hast du deins. Steck es dir in den Gürtel, daß du immer dran kannst. Du wirst es nur einmal benutzen können, Matt. Wähle den Augenblick gut."

„In Ordnung", sagte Larkin und hob den Bowieknife vom Boden auf und betrachtete die breite Schneide, die stumpf funkelte. „Dieses Leben ist verrückt."

Jim nickte ihm zu.

„Am besten wartest du, bis du spürst, daß du das Zeug zu einem Raubtier hast. Wenn du glaubst, daß du im richtigen Augenblick deinem Feind ohne die geringste Hemmung mit den Zähnen die Gurgel durchbeißen kannst, dann, Matt, ist es Zeit für dich."

„Soweit bin ich noch nicht."

„Soweit wirst du aber bald sein."

Sie hockten eine lange Weile schweigend nebeneinander. Schließlich sagte Larkin: „Ich möchte – für alle Fälle – einen Brief an Nancy schreiben. Und – vielleicht hast du auch einen Brief zu schreiben."

„Hm – in Ordnung. Yeah, ich habe einen Brief zu schreiben." Jim zog Larkin dessen Notizbuch aus der Jackentasche, schlug es auf und legte es ihm auf die Knie, so daß er auch mit gefesselten Händen schreiben konnte. Als er fertig war, riß Jim die zwei Seiten heraus, faltete sie zusammen und steckte sie ein, ohne sie anzusehen. Dann begann auch er zu schreiben. Eine Seite genügte. Er faltete sie zusammen, leckte am Bleistift und schrieb eine Adresse auf die zusammengefaltete Rückseite. Er gab den Brief Larkin, und der warf einen kurzen Blick auf die Adresse.

„Mrs. Pamela James Baker", las er halblaut, „Mason, Mason Country, Texas." Jim steckte ihm den Brief in die Jacke. Matt Larkin zog plötzlich die Augen zusammen. Er starrte Jim an und murmelte: „Jim Baker? – Baker? Jim Baker? Den Namen habe ich doch schon gehört! Jim Baker, Mann, bist du vielleicht der..."

Jim nickte. „Yeah, ich bin Jim Baker, der Revolvermann."

„Teufel noch mal!" Larkin richtete sich kerzengerade

auf. „Ich habe doch mal gelesen, daß dieser legendäre Jim Baker getötet worden ist!"

„Sie haben es vor vier Jahren so geschrieben."

„Warst du es nicht, der Bill Mackay und – warte – Jesse Richards – erschossen hat?"

Jim Baker nickte.

„Das waren nicht die letzten, Matt."

Larkin schwieg. Jim Baker hatte sich ausgestreckt, den Hut vors Gesicht geschoben und die Hände hinter dem Kopf gefaltet. Immer mehr Einzelheiten fielen Larkin ein. Der Name Jim Baker hatte jahrelang die Zeitungen auch in Nebraska, Wyoming und Montana beschäftigt. Die einen schrieben von einem menschlichen Monstrum, das wie eine erbarmungslose Tötungsmaschine von jedem, der viel Geld besaß, in Gang gesetzt werden konnte. Andere nannten diesen ominösen Jim Baker, von dem nie ein Bild in den Zeitungen erschienen war, einen Gerechtigkeitsfanatiker, der vor einem schicksalhaften Ereignis seines Lebens davonlaufe und alles niederschieße, was sich ihm in den Weg stellte. Mrs. Pamela Baker, dachte Larkin. So war dieser Mann neben ihm verheiratet. Es gab eine Frau in Texas, die daran glaubte, daß Jim Baker tot war. Seit vier Jahren.

Larkin erinnerte sich aber auch der zahllosen Weidefeuergeschichten, die er über Jim Baker gehört hatte. Die freien Männer, die sich mit dem Himmel zudeckten und für die Revolverkampf ein Naturelement war, dachten anders über diesen geheimnisvollen Mann aus Texas als die Leute in den Städten, die ihren Schutz größtenteils in die Hände von Beamten und ihre Unzuträglichkeiten den Gerichten übertragen hatten.

„Na, Matt?" erklang Jim Bakers Stimme unter dem

Hut. „Bekommst du die vielen Geschichten über Jim Baker, den Schrecklichen, alle zusammen?"

„Warum hast du deinen Namen verschwiegen?"

„Du wirst bald wissen, daß das eine blöde Frage ist. Überlege mal, was du von mir weißt."

„Der Alte Hamp hat dich schwerverwundet aufgelesen."

„Und über meine Narbe am Hals bist du dir doch auch inzwischen klargeworden, nicht wahr?"

„Ein Schuß von hinten."

„Bald werden mir die Kleider in Fetzen vom Leibe herunterhängen. Du wirst noch ein halbes Dutzend anderer Narben sehen. Alle Einschüsse sind hinten, Matt."

„So bist du also in eine Falle gegangen?"

„Nein, Matt, nicht ohne zu wissen, daß es eine war."

„Das verstehe ich nicht. Wie kann sich ein Mann von hinten durchlöchern lassen, wie ein Sieb, wenn er weiß, was ihm geschieht."

„Auch das ist natürlich eine Geschichte, Matt."

„Hm, Jim Baker sollte also von dem Augenblick an, wo der alte Hamp dich fand, tot sein, wie?"

„Du bist ein kluger Junge, Matt."

„Der gar nicht neugierig ist."

„Das gefällt mir an dir", sagte Jim Baker spöttisch. „Sag mal, Matt, wärst du mir auch gefolgt, wenn du gewußt hättest, wer ich bin?"

„Yeah."

Unter dem Hut erklang ein glucksendes Lachen.

„Siehst du, Matt, das glaube ich dir sogar."

„Warum hast du dir keinen anderen Namen zugelegt, wenn Jim Baker tot sein sollte?"

„Mein Name war zu ehrlich, um ihn zu wechseln, aber zu gefährlich, um ihn zu behalten."

„Stolz wäre eine Erklärung, die ich begreife. Aber du hättest ja mal heiraten können."

„Ich bin verheiratet, Matt."

„Hm, aber deine Frau hält dich für tot. Sie hätte noch mal heiraten können, Jim."

„Möglich, Matt, daran habe ich auch oft denken müssen."

„Warum hast du deiner Frau nicht geschrieben und bist dann anschließend mit ihr nach Kalifornien gegangen? Sie hätte hinfahren können, und du wärst irgendwann nachgekommen."

„Es gibt nichts, an das ich nicht gedacht hätte."

„Es war Hamp Carruthers Ranch, die dich gereizt hat, nicht wahr? Sobald du sie gehabt hättest, wäre deine Frau irgendwann aufgetaucht."

„Nein, Matt." Jim Baker hatte die Büchse mit Salbe aus seiner Hosentasche geholt und rieb nun vorsichtig seine Lippen ein. „Ich hätte noch zwei Jahre gewartet und wäre dann nach Oregon gegangen."

„Aber nicht mit deiner Frau, wie?" sagte Matt Larkin scharf. „Du hast an Lady Nancy gedacht!"

Jim Baker drehte dem Deputy das Gesicht zu. „Lady Nancy?"

Matt Larkins Augen begannen zu funkeln. Er riß Jim, der ihm die Salbe hinhielt, die flache Büchse aus der Hand und legte sie auf sein Knie. „Jetzt sage nur, daß du Nancy nicht für dich haben wolltest!" Er betupfte die aufgeplatzten Stellen seiner Lippen und verzog das Gesicht schmerzlich.

„Hm, ich verstehe, Matt. Ich habe ein paarmal mit dem

Mädchen gesprochen. Sie war neu im Westen. Sie hat mir Fragen gestellt, und ich habe sie beantwortet.“ Jim lachte lautlos. „Ich habe einmal durchs offene Fenster deines Büros gehört, wie sie dir einen Vortrag hielt. Mister Jim meinte, Mister Jim sagte, Mister Jim glaubt, und so weiter. Und ich habe dein saures Gesicht gesehen...“

„Quatsch!“ schnaubte Larkin.

„Du bist also davon ausgegangen, daß ich dir das Mädchen wegschnappen wollte. Jetzt verstehe ich deine Abneigung, Matt. Ich verstehe auch, warum ich dir als Mörder angenehmer bin denn als Ranchboss. Zwanzigtausend Dollar in Gold und dein größter Nebenbuhler bei Nancy unter der Erde. Das ist endlich eine Rechnung, die ich verstehe, Matt.“

Der Deputy starrte ihn finster an. Und sein Blick wurde noch finsterer, als Jim Baker den Kopf schüttelte.

„No, Sir. Wir sind beide von derselben Art. Ich weiß, daß du die Frau heiratest, die für dich die Richtige ist. Ich glaube dir, daß sie Nancy heißt. Das Mädchen, das ich in Texas vor acht Jahren heiratete, war für mich die richtige, Matt. Und sie bleibt es.“

„Ich nehme es dir nicht ab, daß du Nancy nicht wolltest.“

„Weil dich diese Gewißheit zum Schuft macht. Das allein war dein Motiv! Die zwanzigtausend Dollar bedeuteten eine feine Nebengabe, aber du hast möglicherweise damit gerechnet, daß du das Geld eben wegen Lady Nancy nicht annehmen kannst. Stimmt das, Matt?“

Larkin nickte.

„Hm, jetzt tut es mir fast leid, daß ich dir auch noch die letzte Illusion nehmen muß. Sobald du meine Geschichte erfahren hast, wirst du dir selber kein Wort mehr glauben, Matt Larkin. Und ich weiß, daß das schlimm für dich ist. Soll ich dir die Fesseln abnehmen, Matt?"

„Dafür werde ich selber sorgen!" schrie Larkin ihn an.

„Gut. Also, es geht weiter. Was machen deine Füße?"

„Welcher Unterschied ist es, ob man sich an heißen Bohnen oder heißen Kartoffeln die Zunge verbrennt?"

Jim Baker erhob sich, zog die Hose hoch und schnallte den Gürtel mit den Wasserbehältern um. Er deutete mit dem Gewehrlauf nach Osten.

„Spätestens morgen abend haben wir die Apachen auf dem Halse; und wir können uns auf was gefaßt machen."

„Ich denke, wir hätten eine Chance ..."

„Der Wind war nicht stark genug, um unsere Spuren zu verwischen", Jim Baker spielte mit den Haaren eines der Skalps, die er zusammengeflochten und an den Gürtel gehängt hatte. „Diesmal aber werden sie vorsichtiger sein. Vielleicht geben sie es sogar auf, wenn sie sehen, daß ihren Kriegern die Skalps fehlen. Denn daß es nur ein Mann war, der sie genommen hat, erkennen sie an den Schnitten." Baker lachte grimmig und biß knirschend in einen Streifen Fleisch, der inzwischen hart und steif wie Holz geworden war. „Das, was sie da am Felsturm vorfinden werden, ist für sie wie ein aufgeschlagenes Buch. Apachen sind feige wie Ratten. Sie haben unbändigen Respekt vor Weißen, die von allem ein bißchen mehr verstehen als sie. Vielleicht lassen sie's, begraben ihre Toten auf der Spitze von Schuaros, jammern ein bißchen und ziehen weiter nach Norden. Dann aber nur, weil sie mich für einen ganz großen Töter halten. Hoh, Matt, sie brauchen dich noch nicht mal zu fragen."

„Hast du ihnen die Haut deshalb abgezogen?"

„Warum wohl sonst, du Büffel? Die besten Waffen,

die es gegen Wilde gibt, sind ihre eigenen." Baker lachte grimmig und setzte sich in Bewegung. „Zeige einem Puma nur, daß du längere Krallen und größere Zähne hast als er. Das versteht er sofort und verschwindet", hörte Larkin ihn sagen, und Jims Stimme klang entfernter, als er war. Der Deputy preßte die Lippen zusammen, als er die ersten Schritte tat. Es fiel ihm auf, daß sein Körper nicht einmal mehr Feuchtigkeit genug besaß, um Schmerzenstränen hervorzubringen. Das entzündete Fleisch der Fußsohlen schmerzte, als würde er jedesmal, wenn er den Fuß aufsetzte, tief in glühende Nadelspitzen hineintreten, die sich blitzartig bis zu den Knien hochbohrten und dann wieder herausgerissen wurden.

Das Wasser hatte seine Zunge durchfeuchtet, aber die Haut des Gaumens fühlte sich, wenn er mit der Zungenspitze vorsichtig an ihr entlangtastete, wie ein schartiges gewölbtes und halbfertig geschnitztes Stück Brett an. Tief in seinen Lippen begann es zu hämmern, die Zähne schienen Fremdkörper in einem gefühllosen Kiefer zu sein, und unzählige Stellen an seiner Körperhaut brannten. Besonders in den Achselhöhlen hatten sich wunde Knoten gebildet, die einen anhaltenden stumpfen Schmerz bis zu den Nieren hinstrahlten.

Jim Baker pfiff tonlos vor sich hin. Er ging mit weitausgreifenden festen Schritten und hielt das Gewehr in der Armbeuge, wie jene Männer, die auf diese Weise neben ihren Planwagen den ganzen Kontinent durchmessen hatten.

Mit der Zeit gewöhnte sich Larkin so an die Schmerzen, daß er nach zwei Stunden nicht mehr hätte sagen können, welche Körperstellen ihn wohl am meisten schmerzten. Der Himmel über der Wüste war tiefschwarz wie das Innere eines Sackes, und mit funkelnd klaren Sternen übersät. Der kalte Wind war erloschen. Stille herrschte, die nur durch das Knarren des trockenen Stiefelleders und das Knirschen des Sandes oder das knallartige Brechen eines zertretenen Astes unterbrochen wurde.

Für Larkin war es ein ebenso ungewohntes wie immer wieder nervenaufpeitschendes Gefühl, zu wissen, daß nur er selbst die Geräusche, die er hörte, verursachte. Sobald sie stehenblieben, um zu trinken, gab es Augenblicke, an denen die Stille um sie herum vollkommen war, und Larkin räusperte sich und rasselte mit der Handschellenkette, nur um etwas zu hören.

Er nahm die hingereichte Melone entgegen, trank jedesmal, schluckte, empfand Schmerz dabei, als sei das Wasser glühendheiß und dachte ... an ganz andere Dinge. Immer wieder ertappte er sich dabei, daß er schon vieles rein mechanisch tat. Wahrscheinlich wäre er, wenn Jim sich hingesetzt und nicht wieder aufgestanden wäre, auch hingesessen und nicht mehr aufgestanden.

„Bald werden die Halluzinationen kommen, Matt." Die rostig klingende Stimme des Revolvermannes klang wie von weither an sein Ohr, und Larkin spürte einen brennenden Zorn in sich aufsteigen, als er bemerkte, daß er eine immer länger werdende Zeitspanne brauchte, um etwas in seiner unmittelbaren Nähe so wahrzunehmen, daß er es erkennen konnte.

„Halt 's Maul!" knurrte er, und seine eigene Stimme kam ihm fremd vor. „Halt 's Maul, sage ich!"

„Du wirst die heiße Luft, die am Tag über der Wüste schwebt, für einen breiten Fluß halten", fuhr Baker fort. „Du wirst sogar Bäume und Büsche an den Ufern dieses

Flusses sehen und einen kühlen süßen Geschmack auf die Zunge kriegen. Ich kannte einen Mann, der sogar ganz deutlich Katzenwelse aus einem solchen Fluß springen sah."

Larkin ging einen Schritt auf Baker zu. Der stand träge da, und das schwache Mondlicht lag auf seinen hellen Augen. Baker lächelte. Larkin bemerkte, wie sich seine Hände erhoben hatten und daß er im Begriff war, die schwere Stahlkette, welche gespannt zwischen den Handgelenken war und gerade wie ein Lineal, auf Bakers Gesicht niedersausen zu lassen. Er ließ die Hände sinken und sagte heiser: „Du kannst mich nicht fertigmachen, du nicht. Hörst du, Jim!"

„Natürlich nicht. Reg dich nicht auf. Die Nacht ist erst halb vorbei."

8

Wüstengold

„Jacob Walz hatte als Arbeiter in der Vulture Mine Nuggets gestohlen und wurde auf der Stelle gefeuert. Er tat sich mit Jacob Weiser, einem anderen Deutschen, zusammen. Sie zogen in die Superstition Mountains, um selbst Gold zu suchen. Eines Tages kochten sie im Needle Canyon ihr Abendbrot, als sie in der Nähe das Klopfen von Geologenhämmern hörten. Sie nahmen ihre Gewehre und fanden an einer Canyonwand in einer Art Höhle zwei Männer, die atemlos arbeiteten. Die Deutschen nickten sich zu, zwei Schüsse krachten, und die beiden Prospektoren wa-

ren tot. Da sie in der Dunkelheit des Abends nicht viel sehen konnten, kehrten sie zu ihrem Lager zurück. Am nächsten Morgen waren die beiden Toten ... verschwunden. Dafür entdeckten sie, daß die ganzen Höhlenwände aus goldhaltigem Quarz bestanden. Weiser begann hysterisch herumzutanzen vor Freude. Nicht so Walz. Er hob sein Gewehr und erschoß seinen Gefährten. Er belud sein Maultier voll Erz, verkaufte es in Florence am Gila River für 10000 Dollar und meldete seine „Dutchman"-Mine an. Nach 5 Tagen ging er zurück, und viele Männer folgten ihm insgeheim, um ihm die Mine abzujagen. Aber Walz führte sie alle in die Irre und verschwand ungesehen irgendwo in der Nähe des Weaver's Needle Berges. Manche dieser Männer kehrten nie wieder zurück, und man nahm an, daß Walz sie erschossen habe. Vier Wochen später erschien Walz in Tucson und verkaufte für 24000 Dollar Erz. Und wieder passierte das gleiche: Als er die Stadt verließ, folgten ihm viele Männer, aber wieder und wieder führte er sie in die Irre. Sieben Jahre lang tauchte Jacob Walz in Yuma, Tubac, Florence und Tucson auf und verkaufte Säcke voll Erz, und Jahre um Jahre versuchten Hunderte von Prospektoren ihm seine Bonanza abzujagen. Vergeblich. Dann heiratete Walz Julia Thomas, eine Viertelnegerin, die Dienstmädchen bei Deutschen gewesen war und Deutsch sprach. Sie lebten viele Jahre von dem Gold der geheimnisvollen Dutchman-Mine. Dann kam 1887 das Erdbeben, das viele Landmarken in der Gilawüste veränderte. Als Walz 1891 starb, beschrieb er seiner Frau die Mine und den Weg dorthin. Es sollte sich um eine oberschenkeldicke Ader handeln. Als er starb, sagte er, daß er acht Männer getötet habe. Aber die Mine wurde nicht gefunden und ist seitdem die berühmt berüchtigtste

„Lost Dutchman Mine", nach der heute noch gesucht wird."

Edwin Corle in: The Gila, S. 262–268

Als der Tag erwachte, hatten Larkin und Baker die alkaligesättigten Sanddünen hinter sich, und vor ihnen lag ein Streifen fahlgrauen Caliche-Lehms, in dem es keinerlei Vegetation mehr gab. Jim Baker hatte vom letzten Bürstendornstrauch Äste gebrochen und stieß sie so in den krümeligen harten Lehmboden, daß seine darübergebreiteten Kleidungsstücke eine zeltartige Schutzwand vor der Sonne bildeten. Bis auf Stiefel, Revolvergürtel und eine in Fetzen hängende Unterhose war Jim Baker nackt, als er sich auf dem Boden niederließ. Er bemerkte den Blick, den Larkin ihm zuwarf, und meinte, nachdem sie Wasser getrunken hatten: „Gib die Hände her. Ich schließe die Dinger auf. Du mußt dich auch ausziehen, wenn du nicht in der Sonne wie auf einem Grill geröstet werden willst." Larkin hatte die großen Schußnarben auf Jims Oberkörper gesehen, doch das war ihm gleichgültig. Er war so zerschlagen, daß er das Gefühl hatte, seine Gelenke seien mit Gips ausgegossen. Der Texaner beobachtete, wie Larkin zuerst das Hemd abstreifte. Der Körper des Deputys war fast fleischlos geworden. Die Haut hatte über den Rippen Falten gebildet und war mit schwärenden Wunden übersät, und bald war auch der Deputy nur noch mit Stiefeln, Revolvergürtel und einem Gebilde aus roten Fetzen bekleidet, das nur noch entfernte Ähnlichkeit mit einer Unterhose hatte.

Die Morgensonne färbte den wachsbleichen Körper Larkins orangerot, und Matt Larkin bückte sich, hob eine Melone auf, goß Wasser in die hohle Hand und netzte

Gesicht und Hals damit. Das Lächeln, mit dem er aus tiefliegenden Augenhöhlen den Texaner anblickte, bereitete ihm Anstrengung. Die Kälte der Nacht erwärmte sich rasch, und der Caliche unter den Stiefeln Larkins zerbröckelte knirschend. Larkin räusperte sich und sagte: „Wie viele Meilen mögen wir gemacht haben?"

„Denk nicht in Meilen, Matt. Da liegt die Salbe. Reib deine Füße und Lippen damit ein." Larkin antwortete nicht. Er wußte, daß man ihm ansah, wie zermürbt er war und todmüde. Deshalb ging er mit hölzernen Schritten auf einen Hügel zu, auf dessen Kuppe eine einzelne Yuccastaude ihren mannshohen verholzten Blütenstengel wie ein warnend erhobener Finger gegen den Morgen ausstreckte. Jim Baker sah den mageren Deputy mit unsicheren Schritten den Hügel hinaufgehen, schüttelte den Kopf und murmelte anerkennend: „Es ist schon ein verdammt harter Bursche, dieser Yankee." Sein Blick blieb auf den Stahlhandschellen haften, die vor ihm auf dem nackten Boden lagen. Die Sonne pinselte rostrote Reflexe auf den glatten Stahl. Dann stand der Deputy oben auf dem Hügel und hob sich scharf wie ein Scherenschnitt gegen das Licht ab. Jim Baker schloß die Augen und begann nach einer Weile, Füße, Achselhöhlen und Gesicht mit der Salbe einzureiben. Er wußte nicht, wie lange Matt Larkin oben auf dem Hügel in der Sonne gestanden hatte. Als er endlich aufblickte, war Larkin verschwunden. Es verging ein weiterer Augenblick, und dann erscholl Larkins erregte Stimme hinter dem Hügel: „Hier sind Wagenspuren Jim! Hier ist ein Wagen gefahren!"

Jim Baker sprang auf, fuhr in die Stiefel und lief zum Hügel. Als er oben an der Yuccastaude ankam, sah er

Matt Larkin unten vor einer tief eingegrabenen Wagenspur stehen, die gerade nach Norden verlief.

„Ein Wagen!“ schrie Larkin. „Und das da sind Fußspuren von genagelten Stiefeln. Weiße, Jim. Es sind Weiße mit einem Wagen in der Nähe.“

Jim Larkin war heruntergegangen und hatte die Fuß- und Hufspuren untersucht.

„Ein zweirädriger Carreta mit einem Maulesel davor. Es waren drei Männer dabei, ein kleiner Dicker mit kleinen Füßen und zwei große Burschen, die wahrscheinlich noch magerer sind als wir.“

„Kannst du sehen, wann sie hier vorbeigekommen sind?“

„Ungefähr vor zehn Stunden. Sieh her, die Räder haben den Caliche zusammengepreßt, aber es sind keine Risse in der Spur, wie sie entstehen, wenn die Sonne darauf brennt. Diese Radspur ist gestern abend entstanden.“ Er hob ein paar grüne Maiskörner vom Boden auf. „Da, schon nach einer Stunde Sonnenhitze schrumpft frischer Mais ein und platzt. Diese Körner sind in der Nacht herausgefallen. Dieser Caliche ist wie Gummi. Mit der Zeit hebt er sich wieder, wenn er zusammengepreßt wird. Da, die Ränder der Spur haben sich schon um eine Fingerbreite gehoben. Yeah, ich sage gestern abend. Drei Kerle mit einem Maulesel und einem Karren, auf dem grüner Mais gelegen hat.“

„Wo haben sie denn in aller Welt grünen Mais herbekommen?“

„Das weiß der Kuckuck.“

Matt Larkin bemerkte, daß Jim Baker seinen Revolvergürtel am Lagerplatz gelassen hatte. In seiner, von einem breiten Leinenband zusammengezogenen Unterhose steckte sein Bowiemesser. Larkin aber hatte den Revolvergürtel mit den leeren Patronenschlaufen und dem ungeladenen Colt umhängen. An der linken Seite baumelte in einer Scheide das Bowiemesser. Seine Hand krampfte um den Griff dieses Messers. Er starrte den Texaner an und sagte langsam: „Wir müssen hinterher, Jim."

Der Texaner zog sein Messer aus der Unterhose und ging auf Larkin zu.

„Sicher müssen wir das, Matt, und du glaubst, daß jetzt am besten die Rollen wieder vertauscht werden sollten, wie? Bitte."

„Ich glaube, das wäre zu früh", murmelte Larkin und nahm die Hand vom Messergriff. Er stolperte an Baker vorbei den Hügel hinauf, die andere Seite wieder hinunter und ließ sich an seinem Lagerplatz nieder.

„Wie kommt jemand mitten in dieser verdammten Wüste an grünen Mais?" murmelte er. „Wenn das Zeug eintrocknet, so muß doch ganz in der Nähe ein Ort sein!"

„Wenn der Sack aus Gummileinwand besteht und luftdicht zugemacht wird, bleibt die Feuchtigkeit, die der Mais ausschwitzt, drin. Du kannst ihn so drei Wochen lang frisch halten, vielleicht länger", sagte Jim Baker. „Ist dir im Norden was aufgefallen, Matt?"

„Was soll mir aufgefallen sein?"

„Die schwarzen Schatten im Land. Das könnten Schluchten sein."

„Und?"

„Wenn es Schluchten sind, so weiß ich, daß diese Burschen mit dem Wagen Goldsucher sind."

„Goldsucher? Hier auf dieser Bratpfanne des Teufels? Das ist doch Unsinn."

„Die Conquistadores haben mehr als ein Dutzend Goldminen hier in der Gila gehabt. Das hat mir mal ein Jesuiten-Padre in El Paso erzählt, der einen Haufen alter Karten mit sich herumschleppte. Seit die Comanchen die Spanier zurückgedrängt haben, versuchen es Prospektoren immer wieder, solche spanischen Goldminen zu entdecken."

„Verrückte! Ich weiß aus Montana, was man alles braucht, um nach Gold zu schürfen und am Leben zu bleiben. In diesem Backofen schafft das kein Mensch. *Gold!* Und das mitten im Apachengebiet. Ein Mann, der freiwillig in die Gila geht, muß wirklich übergeschnappt sein."

Der Texaner musterte den Deputy und sagte: „Genau das sage ich ja, Matt! Paß auf, sobald die größte Mittagshitze vorbei ist, gehn wir der Spur nach. Wenn ich recht habe, muß es da hinten irgendwo eine Schlucht mit Wasser geben. Sie können nicht auch noch Wasser die vielen Meilen weit herschaffen."

„Und die Apachen, die du erwartest?"

Jim zuckte mit den Schultern. „Bis es Abend ist, können wir die Calichesenke hinter uns gebracht haben. Da hinten im Norden habe ich Felsen gesehen, und die Wagenspur führt genau drauf zu."

Das ausgetrocknete Flußbett änderte, je weiter die beiden Männer kamen, seine Farbe. Die rundgeschliffenen Kalksandsteine wurden dunkler, und immer öfter deutete Jim auf glitzernde grünlichgelbe Porphyraderspuren in Brocken, die er aufhob. Allmählich wurden die Ufer höher und steiler und formten sich zu einer Schlucht, die tief in den Boden hineinführte, sich schließlich, als die Sonne den Himmel bereits rot zu färben begann, verbreitete und eine scharfe Krümmung machte. An einem mannshohen, runden Felsen, der die Form einer Birne hatte, blieb Jim stehen. Er trank aus einer Melone und suchte in seiner Jackentasche nach Tabak, während er aufmerksam die Schlucht musterte.

Die Wände waren nun beiderseits etwa dreißig Meter hoch. Nur noch ein schmaler Streifen des Himmels über ihnen war sichtbar. In den porösen Wänden knisterte und bröckelte es, kleine Felsbrocken lösten sich und sausten polternd in die Tiefe. Irgendwo rieselte Geröll herab.

Matt Larkin rieb sich die Augen. „Ich habe noch Tabak in der Tasche", sagte er. Als er den Beutel hervorholte, fielen die Handschellen, die Jim ihm in die Tasche gesteckt hatte, heraus und schlugen klirrend auf dem Boden auf. Plötzlich zuckte Jim zusammen, legte den Finger an die Lippen und ging auf die in tiefem Schatten liegende Wand zu. Es gab dort eine höhlenartige Einbuchtung. Davor blieb Jim Baker stehen und wartete, bis Matt Larkin herangekommen war und auf einen zweirädrigen Karren starrte, der dort stand. Im Geschirr hingen zwei Maultiere. Sie waren beide tot.

„Erschossen", sagte Larkin. Er blickte sich um. Auf dem Boden hinter dem Karren lagen zwei Maissäcke, das Leinen von Schußeinschlägen aufgeschlitzt. Aus den Löchern war der grüne Mais gequollen und hatte sich über der Erde verstreut.

Jim nahm aus Matt Larkins Hand den Tabakbeutel entgegen und rollte sich eine Zigarette. Dabei spähte er aufmerksam zur Canyonkrümmung hin. Er entzündete die Zigarette, warf Larkin dessen ungeladenes Gewehr zu, repetierte seine Winchester durch und ging auf die im Schatten liegende Schluchtkrümmung zu. Schon nach zehn Schritten blieb er wieder stehen, und Larkin, der dicht hinter ihm war, erblickte einen Mann, der dort in einer Steinrinne lag und mit ausgebreiteten Armen einen abgestorbenen Prickly Pearkaktus umklammerte. Der Mann hatte langes schwarzes Haar, das ihm weit über die Schultern reichte, ein braunhäutiges Gesicht und ein kleines Loch in der Stirn über dem linken Auge, aus dem ein Faden getrockneten Blutes bis zum Halse hinunterlief.

Jim hob einen mexikanischen Sombrero auf.

Matt Larkin stieß ihn mit der Gewehrmündung gegen die Seite und deutete mit einem Nicken des Kopfes zur Seite. Dort lag in vier Schritten Entfernung ein zweiter Mann. Zuerst erblickte Jim Baker zwei Stiefel mit großen versilberten Visaliasporen, dann, als er näher trat, erkannte er im Schatten eines überhängenden Felsens, daß es ein junger Bursche mit flachsblondem Haar war. Er wendete den Körper mit dem Fuß um, und man sah die drei Löcher im Hemd des Jungen und das viele Blut, das seine Kleidung durchnäßt hatte. Die wachsstarren Augen des Jungen waren hellblau. In der Hand hielt er einen Perkussions-Revolver.

„Die zwei Mageren", sagte Jim Baker. „Jetzt werden wir uns mal um den Dicken kümmern."

Jim Baker ging um die Canyonkrümmung herum, die von einem giftiggrünen Felsgrat gebildet wurde, der sich senkrecht in den Himmel erhob. Unmittelbar dahinter lag der Mann, den er suchte: ein kleiner dicker Mann mit einem gewaltigen Schnauzbart, der vor einem Salzdornstrauch saß und von fingerlangen Dornen, die ihm in den Rücken gedrungen waren, in sitzender Stellung festgehalten wurde. Es sah aus, als ob dieser Mann schlafe. Er hatte beide Hände über dem Bauch gefaltet, und sein massiger Kopf war zur Seite gefallen. Ein Dolchdorn hatte beide Wangen durchbohrt, und die Spitze ragte an der linken Wange fingerbreit hervor. Zwischen den ausgebreiteten Beinen des Dicken lag ein Revolver. Jim hob ihn auf und untersuchte die Trommel.

„Alle sechs Kugeln sind raus", sagte er leise, und Matt meinte: „Die haben sich gegenseitig umgebracht. Der hier hat sich noch bis hierher geschleppt."

„Und sich dann gemütlich in die Dornen gelegt", Jim Baker schüttelte den Kopf. „Nein, es muß noch jemand im Canyon sein."

„Was, noch ein Vierter? Aber die drei hier waren bei dem Wagen. Ein Vierter war nicht dabei."

„Er hätte auf dem Wagen sitzen können. Oder er war von Anfang an in diesem Canyon. Warte hier, Matt. Ich schau' mal nach."

Matt Larkin ließ sich auf einem Stein nieder und nahm das Gewehr zwischen die Knie. Der Boden der Schlucht war mit Geröll bedeckt, das ein Fluß vor vielen hundert Jahren hierhergebracht hatte. Der Mann vor ihm hatte große runde und leicht hervorquellende Augen, die starr gegen den Himmel gerichtet waren. An seiner linken Hand fehlte der Daumen. Die Rechte hatte er zur Faust geballt. Larkin griff in die steifen Finger und öffnete diese Faust. Etwas Glänzendes fiel zu Boden. Larkin hob es auf, wunderte sich, daß ein Steinbrocken so schwer sein konnte und trat ins Licht heraus. Als er sah, was er in der Hand hielt, zuckte er zusammen. Es war ein taubeneigroßes Stück pures... *Gold!*

Matt Larkin ging ein paar Schritte hinaus in den Sonnenschein und starrte auf das Stück Metall nieder, das dort in seiner Hand lag. Er steckte es in die Tasche, ging zu dem Toten zurück und durchsuchte seine Taschen. Mehr als ein Dutzend fast gleichgroßer Nuggets kamen zum Vorschein. Irgendwo in der Schlucht war plötzlich ein heiserer Laut zu hören. Es klang wie das kreischende Lachen eines alten Raben. Matt Larkin betrachtete die Nuggets in seinen Händen, dann fiel sein Blick auf den Revolvergürtel des Dicken. Die Schlaufen steckten voller .45er Patronen. Larkin begann, die Patronen dort herauszuziehen, seinen Colt aufzuladen und mit dem Rest die Schlaufen seines Gürtels aufzufüllen. In der Schlucht krachte ein Schuß, und das Echo der Detonation wälzte sich wie unterirdisches Donnergrollen, das aus einem Schacht dringt, um die Canyonkrümmung. Wieder erklang dieser seltsame Laut, aber diesmal anhaltend und lang und sich steigernd zu einem närrischen Gelächter, das sich mit seinem eigenen Echo zu einem anhaltenden Chor schrillen Gekreisches vermischte. Ein zweiter Schuß zerriß dieses Gelächter, ein dritter, vierter und fünfter erzeugte in dem engen Schlauchcanyon einen derart ohrenbetäubenden Druck, daß sich überall in den Wänden morsches Gestein löste und polternd in die Tiefe sauste. Matt Larkin legte die Nuggets zwischen die Beine des Dicken auf den Boden und folgte dem Weg, den Jim Baker genommen hatte. Nachdem Larkin die rechtwinklige Schluchtkrümmung hinter sich hatte, lag vor ihm eine Schlucht, die mit haushohen Gesteinsbrocken übersät war. Das Blitzlicht eines Schusses zerriß irgendwo zwischen diesen Brocken, die wie geduckte Raubtiere im Halbdunkel lagen, den tiefen Schatten. Larkin ging auf einen dieser

Brocken zu. Eine rauhe Fistelstimme, ganz in der Nähe, schrie kreischend: „Kommt nur, meine Freunde – hihihi – Paddy sitzt am Wässerchen – hihihi – und ihr werdet keinen einzigen Tropfen davon bekommen."

Larkin bemerkte Jim Baker, der auf einem schmalen Sims stand und vorsichtig über eine brüstungsartige Ausbuchtung schaute. Larkin ging hin, und Jim sagte: „Ein Irrer. Ein uralter Bursche, dem kein Hut mehr paßt, so viele Haare hat er."

„Übergeschnappt?"

„Yeah. Da hinten ist ein kleiner See. Da hockt er und ballert sich den Gewehrlauf kaputt." Wieder krachte ein Schuß, und das Geschoß schlug hoch über Jims Kopf am Fels auf und jaulte als Querschläger davon.

„Ihr kriegt keinen einzigen blutigen Cent – hihihi – die Klapperschlangen werden euch fressen – hihihi – und du, Nick, wirst nie wieder so einen üblen Trick mit dem alten Paddy versuchen."

Erneut krachte ein Schuß, und irgendwo, weit von Larkin und Jim entfernt, schlug die Kugel klatschend gegen Gestein. Larkin hielt Jim den ersten Nugget hin, den er gefunden hatte. Baker nahm ihn zwischen Daumen und Zeigefinger und hielt ihn von sich ab. „Gold?"

„Yeah, pures Bonanzagold. Er hatte die ganze Tasche voll davon."

„Der Dicke?"

Larkin nickte.

„Mein Püppchen wohnt in Council Bluff", begann die Stimme des Alten zu singen. „Und sie hat blondes Haar wie ein Engel – aber sie ist – hihihi – ein Satan ist mein Püppchen ..."

„Der spinnt aber ganz schön“, sagte Larkin. „Ich denke, ich gehe mal rüber. Wir nehmen ihn dann zwischen uns.“

„Hast du dem Dicken die Patronen weggenommen?“ fragte Baker lächelnd.

„Was denn sonst. Da hinten ist doch frisches Wasser!“

„Du wirst bald überhaupt nicht mehr begreifen, daß dir dieser See wichtiger als alles Gold in dieser Schlucht war.“

„Geh zum Teufel mit diesem gelben Dreck. Also paß auf, ich gehe jetzt rüber.“

„All right, und ich nehme ihn von der anderen Seite.“

Larkin lief im Schatten der einen Schluchtwand entlang bis zu einem Felsturm, der dicht am Rande des kleinen Sees stand, der wie eine überdimensionale, zerbrochene Spiegelglasscheibe im Halbdunkel glänzte. Jim Baker landete auf der anderen Seite des Sees am Fuße der Wand, welche vom Abendrot feuerfarben beleuchtet wurde. Und nun sahen sie den Mann, der geschossen hatte. Er hockte am Rande einer Höhle auf dem Boden. Seine Kleidung bestand nur noch aus Fetzen, und von seinem Kopf sah man nur ein dickes wirres Knäuel grauweißer Haare.

„Heh, Alter!“ rief Matt Larkin, und der Alte hob den Kopf.

„Yeah, Freund Nick? Bist du schon so nahe gekommen. – Hihihi – schau dir nur das feine Wässerchen an. Es ist klar wie das Auge einer Mutter aus Ciudad – hihihi – und es schmeckt – sage ich dir – es schmeckt wie Champagner aus der San Saba Mission in Kalifornien! Komm nur her, mein Sohn! Sieh nur, wie still es ist. Kein Wellchen krümmt sein Gesicht! Wie flüssiges Silber. Und so tief, daß man nicht einmal drin stehen kann. Komm Söhnchen."

„Ich bin nicht Nick! Legen Sie die Waffe weg, Alter!"

„Ich bin Deputy Sheriff Matt Larkin", donnerte Larkin, den der Anblick des frischen Wassers verrückt zu machen begann. Er zitterte vor Gier und begann zu schwitzen. Verwundert tasteten seine Fingerspitzen über die Oberlippe, die plötzlich mit einem dünnen Film Feuchtigkeit bedeckt war. Er hob den Colt und wollte etwas hinüberrufen, als drüben ein Schatten hinter dem Alten auftauchte. Ein herabsausender Arm war zu sehen, dann gab es einen trockenen Laut, und der Alte sackte zusammen.

„Alles in Ordnung", rief Jim Baker herüber. Matt Larkin stolperte auf Wasser zu. Er warf sich am Ufer nieder, griff mit den Händen in die Nässe, spürte die Kühle und senkte den Kopf nieder. Er trank und trank, stieß einen wilden Seufzer aus und griff hinein in den See, warf Wasserschwälle gegen seinen Körper, trank erneut, trank wieder, bis er sich aufrichtete und vor ihm Jim Baker stand, der sich über den Alten beugte. Er hatte eine Hurrikanlampe, die am Eingang der Höhle stand, angezündet und leuchtete nun den alten Mann ab.

„Blut", sagte er. „Es hat auch ihn erwischt. Da, im Rücken. Genau ins Rückgrat hinein."

„Hm, so spürt er wahrscheinlich keinen Schmerz."

„Ich wette, daß du ihm beide Beine abschneiden kannst, ohne daß er was merkt. Er kommt zu sich." Jim Baker hielt nun den Nugget, den Larkin ihm gegeben hatte, ans Licht. „Reines Bonanza-Gold, mindestens neunzig Prozent. Weißt du, was das Ding wert ist?"

„Ungefähr dreihundert Dollar, würde ich sagen."

Jim nickte. Die Dunkelheit stülpte sich wie ein geteerter Sack über den Canyon. Der Alte kam zu sich, bewegte blinzelnd den Kopf nach der Lampe und starrte zuerst Jim Baker und dann Matt Larkin an.

„Halloo, Opa", sagte Jim Baker, während Matt Larkin einige Piken und Schaufeln betrachtete, die im Schein der Lampe an einer Höhlenwand sichtbar geworden waren.

Der Alte starrte den Revolvermann lange und gründlich an, dazu nickte er ständig, als kämen ihm immer neue Erkenntnisse. Schließlich waren seine Augen klar geworden, und er sagte: „Ich habe dich noch nie gesehen. Und den da auch nicht. Wie kommt ihr hierher?"

„Das ist eine lange Geschichte, Alter. Du wirst sie nie erfahren, weil du nicht mehr viel Zeit hast."

„Ich weiß. Es war Nick. Die anderen waren nicht so zäh. Er hat mich noch erwischt."

„Hast du Schmerzen?" fragte Larkin.

„Gar keine. Das ist es ja. Ich spüre überhaupt nichts. Da hinten ist eine Kiste, da steht eine Flasche drin, Fremder. Ich habe Durst."

Jim Baker fand die Kiste in der Höhle und darin die Flasche Hostetter-Brandy. Er flößte dem Alten, der sich nicht die geringste Mühe machte, die Flasche selber zu halten, etwas von dem scharfen Zeug ein und meinte dann: „Warum hast du die drei, die da hinten in der Schlucht liegen, erschossen?"

Der üppige Bart des Alten klaffte auseinander, ein Mund mit vier tabakbraunen Zähnen wurde sichtbar. „Hihihi – sie dachten, ich sei alt. – Aber das täuscht. Fünfzig Prozent für mich, fünfzig Prozent für sie. Das war in Tubac abgemacht worden. Aber sie wollten hundert

Prozent. Hihihi – jetzt haben sie es, hundert Prozent, hihihi ..." Der Alte betrachtete kichernd seine Fingerspitzen und sein Blick wurde trübe. „Es wird ein Palast, sage ich euch", sprach er seine Finger an, ohne Larkin und Baker zu beachten. „Marmorsäulen und Kirschbaumholz – und eine große Treppe, breit wie die am Capitol in Austin. Mister werden sie zu mir sagen – hihihi – und ich werde sie alle zum Teufel jagen."

„Er spinnt wieder", meint Jim Baker. Er nahm die Lampe und ging in die Höhle hinein. Dort herrschte ein unbeschreiblicher Wirrwarr. An einer Wand hingen an einer Schnur Klapperschlangenhäute und graue Felle von Wüstenratten. In einem Haufen erloschener Asche stand ein Dreifuß, darauf ein Topf. Als Jim hineinleuchtete, meinte er: „Er hat sich von Schlangen und Ratten ernährt." Am Ende der Höhle waren kleine Ledersäckchen aufgestapelt. Eins davon öffnete Jim und stieß einen Pfiff aus. Er hielt es Larkin entgegen. Der Beutel war bis an den Rand mit Nuggets gefüllt.

„Heiliger St. Patrick", murmelte Larkin und zählte die Lederbeutel. „Siebenundzwanzig Beutel. Wie schwer ist das Ding?"

„Ungefähr drei Pfund."

„Das sind ... Himmel noch einmal ..."

„Einundachtzig Pfund pures Gold, Matt." Larkin rechnete und sagte mit leiser Stimme: „Das sind ungefähr dreißigtausend Dollar in Gold, Jim."

„Du mußt die Unze mit dreißig Dollar berechnen", erwiderte Jim Baker. „Denn das hier sind Nuggets." Er nahm einen der Beutel und ging wieder hinaus. Der Alte krabbelte kichernd vor sich her, als Jim ihm den Beutel vors Gesicht hielt und ihn anleuchtete, griff der Alte danach und schrie mit überschnappender Stimme: „*Gold!* – Hihihi! – Seht her, Old Paddy hat es gefunden! – Millionen Dollars in Gold! Die ganze Wand ist voll davon! Hihihi – du brauchst es nur rauszuhacken."

„Ob es eine Ader ist?" fragte Matt leise.

„Wahrscheinlich. Das sind Bruckstücke. Es ist Quarz und Porphyr dazwischen." Er rüttelte den Alten an der Schulter. „Wo ist die Ader, Old Paddy? Wo ist die Ader?"

„Hihihi!" kreischte der Alte, „so dick wie mein Schenkel, als ich noch achtzehn war. Eine ganze Meile lang – hihihi – jeden Tag ein ganzer Wagen voll Gold – und alles zur City National Bank von Tucson. Hihihi – die machen die Augen wie Spiegeleier so groß, was Nick, mein Söhnchen?"

Der Kopf des Alten begann zu pendeln wie der Perpendikel einer Uhr, er seufzte und sank in sich zusammen und gab keinen Laut mehr von sich. Matt Larkin beugte sich über ihn.

Er schüttelte den Kopf. „Bewußtlos", sagte er. „Was machen wir mit ihm?"

„Nichts. Liegenlassen. Die Lähmung kriecht langsam hoch. Er atmet schon wie ein Kind. Morgen früh hat er's hinter sich." Jim nahm einen Schluck aus der Hostetter-Flasche. Einige Minuten standen sie sich schweigend gegenüber, dann lösten sich ihre Blicke von dem Ledersäckchen, und Larkin schrak hoch, als Jim sagte: „Gold! Ich kannte einen Mann, der sagte, daß die Gila voll davon sei. Zwei Jahre später hörte ich, daß er auf allen vieren herumlief, die Leute anbellte und ins Bein zu beißen versuchte. Du weißt, warum du jetzt einen geladenen Revolver hast, nicht wahr?"

„Wie? Yeah, warum, du hast nicht aufgepaßt, Jim," sagte Larkin lächelnd.

Baker schüttelte den Kopf.

„Wir sind jetzt wieder am Anfang, Matt. Jeder hat sein Blatt in den Händen. Die Hölle haßt Falschspieler. Deshalb will ich, daß wir beide gleiche Chancen haben."

„Gut, Jim, gut. Aber das Gold! Ich meine, so eine Chance gibt es nie mehr. Wir sollten einen, sagen wir, Waffenstillstand schließen."

Zufriedenheit glitt über Bakers mageres Gesicht.

„Das Gold macht dich ganz verrückt, nicht wahr, Matt? Ich bin einverstanden. Ich hoffe, daß es hier noch ein paar hundert Pfund davon gibt."

„Der Alte sprach von einer Ader", sagte Larkin schnell.

„Vielleicht gibt es eine. Wir werden sehen. Einverstanden, Matt. Suchen wir das Gold. Aber an eins will ich dich erinnern:"

„Und?"

Jim klopfte an seinen Revolverholster. „Deine Kugel ist hier drin, Matt, vergiß das nicht."

„Nein", sagte Matt Larkin, „sicher nicht. Hör zu, wir werden uns jetzt mit der Lampe einmal umsehen."

„Wir werden schlafen, Matt. Es gibt Apachen."

Der Deputy starrte ihn an und nickte dann.

9

„Ich sage nein, Matt!“

„Der Biß einer Schwarzen-Witwe-Spinne ist schlimmer als der einer Klapperschlange. Wenn man nicht sofort, ohne auch nur Sekunden zu verlieren, große tiefe Schnitte macht, am besten ein Glied mit Beil oder Messer abhackt, ist keine Überlebenshoffnung mehr. Das Gift lähmt das Nervensystem, ohne das nichts im Körper mehr funktioniert. Viele andere Spinnen, Ameisen, Termiten, Grashüpfer, Zikaden, Hornissen, Wespen, Bienen, Käfer, Zecken, Eidechsen sind verhältnismäßig harmlos, aber beinahe alle stechen oder beißen, und ihr Gift ruft sehr un-

angenehme, anhaltend schwärende Wunden hervor. Die Klapperschlangen sind besser als ihr Ruf. Man muß schon förmlich auf sie drauftreten, um sie zum Biß zu veranlassen. Wer von einer Klapperschlange gebissen wird, ist selber schuld; denn sobald man in ihre Nähe kommt, warnt sie sofort mit lautem Rasseln, und bevor sie zubeißen kann, muß sie erst umständlich in Sammelposition gehen. Wer das Rasseln hört, sollte einfach stehenbleiben, und es passiert nichts. Nur die Seitenwinder-Klapperschlange beißt sofort ohne Warnung zu."

Edwin Corle in: The Gila, S. 353

Als Matt Larkin am nächsten Morgen aus einem bleischweren Schlaf erwachte, war der alte Goldsucher tot und kalt wie die Nuggets in seinem Lederbeutel und schwarz von Fliegen. Jim Baker hatte sich ausgezogen und war dabei, jeden Quadratzentimeter seines Körpers mit Wasser zu übergießen. Larkin griff zu dem Beutel, der offen war und auf dem Boden stand. Er schüttelte den Kopf und starrte auf die Goldstücke.

Larkin stellte den Beutel auf den Boden zurück, schüttelte den Kopf und zog sich die Kleider vom Körper. Wie Baker war auch er mit handtellergroßen Wunden bedeckt, die sich besonders in den Achselhöhlen und zwischen den Oberschenkeln gebildet hatten. Larkin sah, daß seine Haut faltig und welk wie die eines alten Mannes geworden war. Er ließ sich neben Baker nieder und schöpfte mit einem Becher Wasser aus dem See, der dunkelgrün schimmerte. Als Larkin etwa drei Liter Wasser getrunken hatte, sagte Baker: „Die Goldader ist da, Matt."

„Was? Wirklich eine richtige Ader?"

„Yeah, in der Höhle. Er hat etwa ein Zehntel davon herausgebrochen. Das andere ist sogar mit einem Messer herauszuholen.“ Matt Larkin sprang auf und lief in die Höhle. Sie war etwa fünf Meter lang. In Schulterhöhe bemerkte er sofort den schenkeldicken gelben Streifen im Gestein, der sich an einer Wand langzog und am Ende der Höhle in dem Fels verschwand. Ungefähr die Länge eines Männerarmes war von dieser Ader herausgebrochen. Am Boden lagen Gesteinsbrocken, an denen noch Reste des gelben Metalls klebten. Larkin zog sein Messer aus der Scheide und bohrte es in das Gold. Er hobelte mit der Stahlspitze große Späne heraus, ging hinaus in das Licht und betrachtete sie.

„Das sind Millionen“, murmelte er. „Mensch, Jim, Millionen sind das. Die Ader ist da, wo sie in den Berg eintritt, genauso dick wie in der Höhle. Vielleicht ist sie hundert Yards lang. Stell dir das vor!“

„Das, was da mit der Pike herauszuhauen ist, sind etwa sechshunderttausend Dollar“, erwiderte Jim Baker ungerührt. Er stand auf und schüttelte sich wie ein nasser Hund. Als sich Matt Larkin an den Leib griff, lachte Jim Baker auf. „Jetzt wirst du Krämpfe kriegen, alter Freund. Du hast zuviel getrunken. Gestern abend schon.“

„Verdammt noch mal, warum sagst du das denn nicht vorher?“

„Ich habe noch immer einem durstigen Deputy das Trinken gegönnt“, erwiderte Jim Baker. Er kleidete sich an, schnallte den Revolvergürtel um, nahm eine Pike und Schaufel und ging zu dem Toten. Als er zurückkehrte, hockte Larkin am Boden und krümmte sich vor Schmerzen. Larkin hatte ein grimmiges Lächeln auf den Lippen, als er den Haufen ausgebrochenen Goldes auf dem Boden liegen sah.

„Hier in der Schlucht könnten wir es einige Zeit aushalten. Ehe wir zwei Maultiere gefressen haben, vergehen ein paar Wochen. Und den See werden wir nie austrinken."

„Wir werden ein paar Tage hierbleiben, bis wir wieder bei Kräften sind."

„Und dann, Matt?"

„Da ist der Wagen."

„Stimmt, es sind sogar zwei Fäßchen drangebunden."

„Na also! Wir werden sie voll Wasser machen und soviel Gold mitnehmen wie wir können."

„Und wer zieht den Wagen, Matt?"

„Wir ziehen abwechselnd."

Baker nickte.

„Das ist mal ganz was anderes, Matt. Einverstanden."

„Was ist falsch daran?" fauchte Larkin ihn an und stöhnte verhalten. „Verdammt noch mal! Wie sollen wir's denn sonst machen?"

„Ich nehme an, du hast dir Gedanken darüber gemacht, Matt."

„Habe ich! Wir haben keine Pferde. Nur diesen verdammten Wagen. Willst du soviel Wasser auf die Schulter nehmen, daß kein Platz mehr für einen Nugget ist? Sollen wir volle Fäßchen in der Sonne schleppen?"

„Ich wette, du hast diesen alten Narren da schon mächtig in der Hölle verwünscht, daß er auch die Maultiere abgeschossen hat, was? Matt, alter Freund, je mehr ich über alles nachdenke, desto kranker könnte ich mich lachen."

„So", knurrte der Deputy. „Fein, daß du soviel Humor hast! Wir nehmen den Wagen mit!"

„Du bist nach zwei Tagen fertig, selbst wenn auf der schweren Carreta kein einziges Maiskorn liegt." Baker lachte schallend. „Hast du schon mal einen Maulesel gefragt, wie das ist, wenn er einen Karren durch knöchelhohen Sand zieht?"

Matt Larkin schwieg. Als er sich bückte, um einen Nugget vom Boden aufzuheben, zerplatzte sein morsches Hemd genau an der Stelle, wo der Silberstern angesteckt war. Der Stern kippte nach unten. Er sagte, daß er Hunger habe und daß man aus dem Maultierfleisch und dem Mais eine passable Mahlzeit machen könne. Jim Baker nickte dazu nur und schaute ihm nach, wie er zu den toten Maultieren ging.

Baker musterte aufmerksam den oberen Rand der westlichen Schluchtwand und ließ sich im Schatten der Höhle auf einem Steinbrocken nieder. Alsdann betrat er die Höhle und stellte sich vor die Goldader. Er holte sein Messer hervor und stieß es gegen das weiche Metall.

Er lachte, als er den herausgebrochenen Span betrachtete. „Dafür hätte ich jedem ein verdammt gutes Pferd gegeben", murmelte er. Er steckte das Messer in die Scheide und ging zum Ausgang zurück.

Dort lehnte sein Gewehr an der Wand.

Oben auf der Kante der Schluchtwand stand ein Apache und schaute zu Larkin hinüber. Es war ein kleiner Mann mit einem breiten Gesicht und schmalen Schultern, über und über mit Schmutz bedeckt. Die Sonne funkelte hell auf seinen Augen. Er war bis auf einen Lendenschurz, Mokassinstiefel und ein blaues Stirnband nackt. Er bückte sich, hob ein langschäftiges Gewehr hoch. Jim sah, wie er den Seitenhammer spannte. Die Wand war etwa sechzig Meter hoch, die Entfernung zwischen dem Gewehr und Larkin betrug ungefähr hundert Meter. Auf diese Entfernung würde auch ein schlechter Schütze treffen.

Jim Baker hob sein Gewehr, zielte sorgfältig ein kleines Stück über den breiten Ledergürtel des Apachen und drückte ab. Als sich die Pulverwolke vor Jims Gewehrmündung zerteilt hatte, stand der Apache immer noch da, gerade und klein. Dann fiel das Gewehr aus seinen Händen, er sackte in den Knien ein, stürzte und rollte über den Rand der Schlucht.

Matt Larkin, der jäh herumgewirbelt war und den Revolver auf Jim Baker gerichtet hielt, sah den Indianer und senkte die Waffe.

„Das war ein Späher", rief Jim. „Die anderen haben wir bald auf dem Halse. Komm jetzt her, nein, warte, schneide ein anständiges Stück Fleisch ab und bring ein Fäßchen mit."

Während Jim Baker den Schluchtgrat beobachtete, kam Larkin nach fünf Minuten mit einem großen Fleischstück und einem der Fäßchen zurück. Baker warf ihm das Gewehr zu. „Jetzt gib du acht!" Er lief zum See, tauchte das Fäßchen ins Wasser, bis es überschwappte und kam keuchend damit zurück. In der Höhle setzte er es ab. „So, wir haben Wasser und Fleisch, und der Alte hat da drin einen Petroleumkocher liegen. Selbst wenn es hundert Apachen sind, keiner von ihnen kommt an das Wasser. Sie werden das bald begriffen haben und sich aus dem Staube machen. Warte, ich hole noch Mais."

„Und die Kiste mit Büchsen!"

„Gemacht."

Als nächstes untersuchte Larkin das Gewehr des Alten. Es war ein siebenschüssiger Spencerkarabiner. Die Munition dafür lag in der Höhle.

„Der Bursche hätte mich glatt erledigt“, sagte Larkin. „Warum hast du ihn runtergeholt? Du hättest keine Sorgen mehr gehabt.“

Jim Baker sah ihn starr an und sagte: „Ich habe deinetwegen keine Sorge, Matt. Für dich wird die Sache immer schwieriger. Du kannst jetzt, selbst wenn du nur noch an das Gold denkst und dir selber vormachst, überzuschnappen, nicht mehr den Mann hinterrücks erschießen, der dein Leben gerettet hat. Und wie groß deine Chancen von vorne sind, weißt du ja. Hier ist der Kocher. Voll Petroleum bis an den Rand.“ Er warf Larkin eine Pfanne zu und öffnete mit einem Messer eine Büchse, indem er den Deckel mit einem Hieb des Messers glatt herunterschlug.

„Chilibohnen, na also, das ist ja wie in einem erstklassigen Hotel. Du brauchst jetzt nur noch ...“

„Ich höre was ...“

„Sie sind da. Es hat geknallt, und ihr Mann ist weg. Die wissen jetzt Bescheid.“ Baker lachte.

„Was gibt es da eigentlich zu lachen, Mensch!“

„Weißt du, woran ich gerade dachte? Paß mal auf! Die Wagenspur haben sie gesehen. Daß drei Männer bei der Carreta waren, haben sie auch gesehen. Und jetzt sind das hinten drei Gräber, und ihr Späher liegt da. Dabei wissen sie, daß wir zu Fuß gelaufen sind und gar nicht mehr frisch sein können. Die halten uns für leibhaftige Teufel.“

„Es kommt mir so vor, als ob der Busch da oben vorher nicht dagewesen ist“, sagte Larkin. Er hob die Spencer an die Schulter, zielte und schoß dreimal rasch hintereinander. Der Busch bewegte sich, ein Schrei ertönte, ein Arm erschien für einen Augenblick, dann fiel der Dornbusch in die Tiefe.

Es war Abend geworden. Matt Larkin hatte immer noch starke Krämpfe und Durchfall. Jim Baker hockte an einer Höhlenwand, das Gewehr in der Armbeuge, und bewachte den kleinen See.

„Was wollen sie denn“, brummte Larkin. „Sie können sich da oben nicht so lange halten wie wir hier am See. Sie wissen, daß sie abgeschossen werden, sobald sie uns ein Ziel bieten.“

„Nun, es gibt für Apachen immer eine Möglichkeit, ihr Wild zu kriegen.“

„Welche denn, Jim? Denk doch mal nach: Sie haben Wasser, gewiß, aber wenn wir hier zwei Wochen bleiben, geht ihnen der letzte Tropfen aus, und wir schießen jeden ab, der sich dem See nähert.“

„Das stimmt. Ich wette, Matt, daß sie weg sind, wenn ich jetzt oben nachsehe.“

„Na gut, das ist ja in Ordnung. Sie können weder hier noch irgendwo anders draußen auf uns warten. Sie müssen zur nächsten Wasserstelle. Und wo ist die?“

Jim zuckte die Schultern. „Das hätte uns der Alte vielleicht sagen können.“ Baker erhob sich. „Paß jetzt oben auf den Rand auf. Kann sein, daß sie irgendwo im Canyon sitzen und auf uns warten. Dann bin ich erledigt, wenn ich jetzt gehe.“ Er schaute Matt Larkin scharf an. „Aber daß dir dann zwanzigtausend Dollar verlorengehen – wie du glaubst –, ist ja wohl jetzt nicht mehr wichtig, oder?“

„Wenn du das Gold meinst, richtig. Das interessiert mich nicht mehr. Aber du vergißt, daß ich allein den Wagen mit dem Gold nicht aus der Wüste herauskriege. Also gib auf dich acht, Jim.“ Larkin entblößte seine Zähne.

Er blickte Jim Baker nach, wie er zur Canyonkrümmung ging und dann verschwand.

Der Druck in Larkins Leib wurde unerträglich. Er nahm ein Gewehr, huschte zu einem Felsen, der Deckung gegen die Westwand bot, streifte die Hose herunter und ging dann zurück. Er wußte, daß er zuviel Wasser getrunken und zuviel grünen Mais gegessen hatte. Immer wieder nahm er eins der Ledersäckchen in die Hand und ließ die schweren Nuggets von einer Hand in die andere kollern. Er hatte nie die Leute verstehen können, die im Norden den Black Hills zustrebten, um dort wie Maulwürfe ein erbärmliches Leben zu fristen und Gold zu waschen, sich mit den Sioux herumzuschlagen und zu Hunderten an Cholera und Typhus zugrunde zu gehen.

Er brauchte Geld, aber er wunderte sich, daß ihn bis jetzt noch nicht dieses Goldfieber angerührt hatte, von dem man soviel sprach. Gewiß, er würde so viel Gold, wie nur eben möglich war, mitnehmen und dann später zurückkehren, um die ganze Ader auszubeuten. Aber war dieses gelbe Metall dort in der Wand wirklich ein Anlaß dafür, verrückt zu werden wie dieser Alte, der sich Paddy nannte? Larkin lauschte.

Kein Laut unterbrach die Stille. Zwei Schritte von ihm entfernt krabbelte eine riesige schwarze Spinne über den Boden. Ihr Leib war etwa drei Zentimeter lang und hatte auf der Oberseite diagonale weiße Streifen. In einem Abstand von einem Fuß folgten ihr rote Ameisen, zwei Zentimeter lang, wie Soldaten in zwei Reihen. Über dem toten Apachen wogte eine schwarze Insektenwolke. Der Himmel war tiefrot geworden, die Schatten in der Schlucht blauviolett. Wenn Jim Baker wirklich einen Mord begangen hätte, um die Ranch des alten Hamp Carruther zu bekommen, wieso ließ ihn dann der Anblick des Goldes zu unberührt? Welche Geschichte steckte hinter den Schußwunden in seinem Nacken und Rücken? Matt Larkin schüttelte den Kopf. Nachdem er Jim näher kennengelernt hatte, war ihm völlig unklar, wieso er ihn hatte in Mexiko überraschen können. Larkin wußte in diesem Augenblick, daß er ohne Jim Baker das Gold nicht aus der Wüste herausbekommen würde. Larkin merkte nicht, daß er insgeheim immer wieder alles, was er über Johnny Carruthers Tod wußte, nun nach Entlastungsgründen für Jim Baker durchforschte. Hätte ein Mann wie Jim Baker nicht eine bedeutend bessere und günstigere Gelegenheit gehabt, Johnny zu beseitigen? Tausend andere. Daß er Anführer einer Bande gewesen sein sollte, paßte ganz und gar nicht zu seinem Charakter. Jim war ein Einzelgänger, ein Grübler und Schweiger, voll Mißtrauen und bissigem Humor.

Allmählich wurde es dunkel. Zunächst blieb nur noch ein lodernd roter Saum über der westlichen Canyonwand, der immer dünner wurde, dann verschwommen die Umrisse des oberen Randes mit dem schwarzen Himmel, und in der reglosen Fläche des Sees begannen die Sterne sich zu spiegeln.

„Sie sind weg!“ ertönte plötzlich hoch oben die Stimme von Jim Baker. „Ich lasse mich jetzt runter.“

„Wie denn?“

„Sie hatten Rohhautschnüre in einem Kasten unter dem Wagen.“ Steinbrocken kollerten in die Tiefe. Nach einer Weile tauchte Jim Bakers hagere Gestalt im Licht der Lampe auf.

„Und das Seil?“ fragte Larkin.

„Bleibt hängen. Da kann keiner runter, ohne daß wir es an den herunterfallenden Steinen merken. Sie sind nach Norden abgezogen.“

„Sie haben genug, sagte ich ja.“

„Möglich. Kann schon sein.“ Jim ließ sich mit gekreuzten Beinen nieder. „Also hör zu, Matt. Zum Waffenstillstand gehört, daß du mitentscheidest, was geschicht. Ich gehe sogar noch weiter: Bestimme du es allein, Matt.“

„Verdammt noch mal, was steckt dahinter? Was hast du vor? Warum soll ich allein entscheiden?“

Jim Baker lächelte breit. „Wenn ich sage, daß du der Pflücker und ich die Pflaume bin, glaubst du es nicht, wie?“

„Laß den Quatsch!“ fauchte Matt Larkin ihn an.

„Also gut, du weißt es zwar, aber warum soll ich es nicht noch einmal sagen: Du sollst nichts versäumen, Matt, nichts, was dir die Gila zu bieten hat.“

„Ach so ist es. Sag mal, Jim, kannst du es nicht verwinden, daß ich dich überrascht habe? Dann sag es, verdammt noch mal.“

„Das ist es nicht. Ich könnte längst schon seit vielen Tagen auf einem Schaukelstuhl sitzen und mich von einer Mexikanerin bedienen lassen. Du hast mich gezwungen, zurück in die Wüste zu gehen. All right. Jetzt will ich, daß du weißt, was das bedeutet. Ich wußte, was es bedeutet. Und das habe ich dir gesagt. Ich habe dir auch mehrere annehmbare Vorschläge gemacht. Mein Teil ist seit Tagen zu Ende.“

Larkin winkte ab und beugte sich vor. Er sagte: „Ach was. Das ist richtig, yeah. Aber jetzt sieht die Lage anders aus. Ich muß als Deputy unparteiisch sein. Für mich steht also deine Schuld weder fest, noch ... ich meine, du weißt, was ich sagen will."

„Yeah, Matt."

„Also hör zu: ich hätte am Grenzstein zurückkehren müssen. Klar. Deshalb schlage ich vor, daß wir nicht nur einen Waffenstillstand haben, sondern die ganze Sache begraben."

„Fein", sagte Jim Baker, ohne das Gesicht zu verziehen. Er warf einen Blick auf das Ledersäckchen zu Larkins Füßen. „Du bist ein echter Yankee. Sobald es um Geld geht, werdet ihr immer Phrasen aus den Rocktaschen ziehen wie ein Zauberer Kaninchen."

„Wir werden soviel Gold mitnehmen, wie wir schaffen. Wir teilen dieses Gold, Jim. Dann kehre ich zurück und baue das Ganze ab. Auch davon werde ich dir die Hälfte geben, egal, wo du dann bist."

„Du kannst allein kein Gold aus der Gila heraustragen. Mir ist das klar, und etwas Geld könnte ich schon ganz gut brauchen. Es ist ein glattes Geschäft. Wenn du noch lebst, wenn wir aus der Gila herauskommen, so sollst du alles Gold, das wir dann noch haben, allein behalten. Und was nachher aus dieser Ader wird, interessiert mich im Augenblick herzlich wenig."

„Jim, für deinen Anteil kannst du für dich und deine Frau ein anständiges Stück aus Kalifornien herausschneiden."

„Wenn man in der Gila sitzt, dann kann man sich erst wieder was kaufen, wenn man heraus ist. Und wir sind noch mitten drin, Matt."

Larkin atmete durch die Nase.

„Und was wäre, deiner Meinung nach, das Richtige, was wir tun könnten, um herauszukommen?"

„Vier Tage gut essen, viel trinken und baden und dann jeder mit einem gefüllten Wasserbalg in Richtung Osten marschieren."

„Und das Gold?"

„Kannst du Gold trinken?"

„Du würdest es also hier lassen?"

Baker nickte.

„Alles?"

„Du wirst irgendwo vor den Bergen auch noch den letzten Nugget wegwerfen, weil er dir wie ein Zentner in der Tasche läge."

„Und der Wagen? An den hast du nicht gedacht, wie?"

„Doch. Ein Mann, der sich in der Gila vor eine Carreta spannt, sollte sich lieber vorher eine Kugel in den Kopf jagen, dann hat er allerhand gespart."

Matt Larkin starrte ihn schweigend an. Baker gab den Blick ruhig zurück.

„Aber du würdest wieder herkommen, nicht wahr?"

„Sicher."

„Mit einer Minengesellschaft, he?"

„Allein, mit einem Maulesel. Es gibt keinen Mann in Amerika, der mehr davon braucht, als ein Maulesel tragen kann."

„Entweder bist du verrückt, oder ..."

„... oder was, Matt?" fragte Jim sanft.

„Ach was, das ist dummes Zeug." Larkin blickte auf. „Und wie wäre es, wenn wir versuchen würden, Apachen vor den Karren zu spannen? Da müßte es doch vielleicht einen Weg geben. Dir fällt doch allerhand ein. Wie wäre es, wenn wir den Apachen folgen und sie bis auf ein halbes Dutzend zusammenschössen? Der Rest wäre froh, wenn er einen Karren ziehen dürfte.“

„Du hast eine gute Nase, Matt“, sagte Jim. „Da oben waren vier Krieger und zehn Frauen. Einen hast du getroffen. Es war Blut auf den Steinen. Es wäre kinderleicht, ihnen zu folgen. Sie müssen ein paar Babys auf Travaoiskörben dabei haben. Es lagen gesüßte Sauglappen auf dem Boden.“

„Ha!“ sagte Matt Larkin.

„Apachenfrauen sind zäh und ausdauernd wie Maultiere.“

„Wie lange sind sie fort?“

„Etwa zehn Stunden.“

„Also wie ist es, Jim? Wir brauchen sechs Apachenfrauen, und wir würden eine halbe Million aus der Wüste herausschaffen!“

Jim Baker stand auf, kehrte Larkin den Rücken zu, starrte in den schwarzen Himmel und sagte, mehr zu sich selbst: „Als der Krieg zu Ende war und die Teppichsakker kamen, da war das erste, was sie überall anschlugen, Plakate mit den Sprüchen von Präsident Lincoln und von Pfarrern. Das Ende der Sklaverei, die Würde des Menschen ist unantastbar und so weiter. Jeder Mann aus dem Süden, der es las, fragte sich verwundert, ob er nun tatsächlich ein Verbrecher sei.“

„Hör auf davon!“ schrie Larkin. „Wir haben keine Zeit zu verlieren. Hast du vergessen, wie die spanischen Jungen aussahen? Du hast mir selber unterwegs erzählt, was die Frauen und die kleinen Kinder mit Gefangenen machen! Das sind Wilde! Raubtiere sind das!“

„Natürlich. Und vier Frauen, vier Männer und ein

Haufen Kinder und Babies abzumurksen, weil man Frauen fürs Goldschleppen braucht, das ist Zivilisation, wie?"

„Hier ist *Gold,* Jim Baker! Dafür haben wir beide längst schon dem Teufel unsere Seelen verkauft. Jeder auf seine Weise. Also, jetzt will ich wissen, ob du ein Heuchler bist!"

Jim Baker lachte nun lautlos und legte Larkin die Hand auf die Schulter. „Na also", sagte Larkin und hob sein Gewehr vom Boden auf, stellte es aber gleich wieder hin. „Nein, ich nehme meine weittragende Winchester mit."

„Du bist auf einmal gar nicht mehr schlapp, wie?"

„Überhaupt nicht mehr. Wir brauchen sechs Apachenweiber! Wir spannen sie vor den Wagen. Wir schießen nur die Männer ab. Die anderen Weiber können mit den Kindern verschwinden. Sie finden sich schon zurecht."

„Du wirst wahrscheinlich den sechs Weibern sogar die Hände voll Nuggets drücken, wenn wir weit genug sind, was?"

„Warum nicht? Jede Arbeit hat ihren Lohn."

„Ich sage *nein,* Matt!"

„Was? Dieses Gold ist uns genauso in den Schoß gefallen wie die Apachenweiber! Bist du verrückt geworden?"

„Yeah, vor vier Jahren schon, Matt."

„So, yeah, hätte ich ja beinahe vergessen! Der Revolvermann Jim Baker, der eines Tages vom Gewissen geplagt wurde. Du kannst es in jeder größeren Stadt bei den Moritatensängern nachlesen: Dem Mörder erscheinen eines Nachts im Traume seine Opfer. Mit klagenden

Stimmen und dem Groll des Jüngsten Gerichts in den Augen. Hör mir doch auf damit!“

„Es war viel einfacher, Matt. Ich habe eines Tages angefangen, mich zu schämen. Das war alles. Es hat gar nicht lange gedauert. Genau eine halbe Stunde. Hör zu, Matt, das war ein interessantes Gespräch. Ich habe richtigen Respekt vor dir bekommen, weil du ein ehrlicher Bursche bist. Aber ich werde dir, bei Gott, alle Knochen im Leibe brechen, wenn du jetzt noch ein Wort davon sagst!“

Larkin musterte ihn aus blinzelnden Augen. Er wurde dunkel im Gesicht, nickte dann, sagte: „Gut, erledigt.“ Er nahm ein paar Decken vom Boden, breitete sie aus, legte sich auf den Boden und sagte: „Eines Tages werde ich dir alle Knochen im Leibe brechen, Jim.“

„Gut, warten wir auf diesen Tag“, sagte Jim Baker. Auch er legte sich nieder, und es dauerte nicht lange, bis sie beide eingeschlafen waren.

10

Patronen aus St. Louis

„Bonney Gonzales sollte seine schwere Verwundung, die er bei dem Feuergefecht mit Jim davongetragen hatte, auf der Sundown Ranch auskurieren.
Hamp Carruther hatte extra einen Doktor aus Prescott engagiert und zwei Krankenschwestern, die den Mexikaner pflegten. Aber Gonzales, der ohne Wimpernzucken viel schlimmere Verletzungen überstanden hatte, verschluckte sich an einem Fleischbrocken und erstickte. Es war ein purer Zufall, daß Dr. Goodfellow mir, als er abreiste, die beiden Geschosse auf den Tisch legte, die er Gonzales aus

dem Leib gepflückt hat. Und heute, acht Tage danach, habe ich erst gemerkt, daß es .45er Bleigeschosse waren, wie man sie überall hier in den Revolvern verwendet. Und dann verweigerte der alte Hamp, daß man die Leiche seines Sohnes exhumierte und die von Nat King, und wir haben es heimlich gemacht. Und in Johnny und Nat steckten auch .45er Geschosse. Und jeder hier weiß, daß Jim .44-40er Patronen für seine Waffen verwendete, nie etwas anderes. Es wird schwer sein, herauszufinden, was nun wirklich geschah, wer nun wen tötete und warum, aber eins steht mit absoluter Sicherheit fest: Jim war an dieser ganzen Schießerei unbeteiligt. Und Matt Larkin ist hinter ihm her! Und in ganz Arizona sind es die Kopfgeldjäger und schlimmste Halunken, die es gibt, auch. Und Jim ist verschwunden, und Matt auch. Wenn sich die beiden irgendwo in der Gila- oder Mohavewüste, oder gar in Mexiko umgebracht haben, so sind wir schuld."

„Hillcrest Sun" vom 8. 10. 1878

Der Wechsel der Jahreszeiten kam mitten in der Nacht. Fast gleichzeitig wurden die beiden Männer wach, zündeten die Lampe an und begannen sich fröstelnd die Hände zu reiben.

„Mensch, was ist das?" sagte Larkin. „Das ist ja Frost, klarer Frost ist das."

„Was sonst? Eine neue Überraschung der Gila, Matt. Nachts mußt du herumtanzen, um nicht zu erfrieren, am Tage kannst du vor Hitze nicht schlafen. Du kannst Wasser und Fleisch für Monate haben, aber am Klimawechsel gehst du schließlich kaputt. Diese Höhle ist ein Glücksfall. Und daß sie in einer geschützten Schlucht liegt, ein zweiter. Draußen, im eisigen Nordwesten, da mußt du schon herumhüpfen wie ein Verrückter, wenn du nicht steiffrieren willst."

Das Licht der Lampe fiel auf das Gold, das sie in vier Tagen aus der Wand gebrochen hatten.

„Dafür kannst du dir ein paar Tausend Öfen und einen meilenweiten Wald kaufen", meinte Baker lächelnd. „Aber nicht..."

„Aber nicht hier!" schrie Larkin, „ich weiß! Wenn diese Idioten, die hier nach Gold gegraben haben, die Wüste kannten, warum, zum Teufel, haben sie nur vier Decken mitgebracht?"

„Wenn wir das beantworten, haben wir auch nicht mehr Decken", erklärte Baker spöttisch. „Es gibt nur zwei Möglichkeiten: Entweder wir gehen morgen los, oder wir vermauern den Eingang der Höhle und hängen ein Maultierfell vor die Öffnung."

„Du sagst doch selber, daß man nachts draußen eingeht wie ein billiger Kaktus."

„So willst du den ganzen Winter hier bleiben, wie?"

Larkin benagte die Unterlippe. Er blickte sich um, und Baker erriet seine Gedanken. „Das einzige, was wir verfeuern könnten, ist die Carreta, Matt. Aber die brauchst du für das Gold. Die Gila kennt keine Kompromisse. Du kannst immer nur eins tun und mußt das andere lassen."

Baker wickelte sich in seine beiden Decken, so daß nur noch seine Stiefel aus der Rolle herausschauten. Larkin stampfte nach draußen in die Nacht. Über die Schlucht heulte der Nordwest. Der Sturm wehte selber nicht in die Schlucht hinein, aber er saugte die warme Luft über dem von der Tageshitze erwärmten Gestein rasch ab, und deshalb wurde es von Minute zu Minute kälter. Larkin ging bis zu der Stelle, wo sie über der Leiche des Apachen Steine aufgetürmt hatten, kam zurück und stellte einen Fuß auf die Radnabe der Carreta. Der Karren war aus massivem Eichenholz gefertigt, mindestens fünf Zentner schwer. Larkin hob die Deichsel bis zur Hüfte hoch und preßte die Lippen zusammen. Er dachte an das Gold und daran, daß es bis Tucson noch hundertfünfzig Meilen, bis zu Spell's Brunnen noch achtzig Meilen waren. Er wußte nicht, ob er vor Zorn, vor Ohnmacht oder vor Kälte zitterte. Er wußte nur, daß ihn das laute Schnarchen Jim Bakers verrückt zu machen begann. Er lief zum See, warf Steinbrocken hinein und schlug sich die Arme um die Brust, daß es laut knallte. Schließlich drehte er sich jäh um, stampfte auf hölzernen Füßen in die Höhle zurück und stieß Jim Baker mit dem Fuß an.

„Hör zu, Jim!" schrie er. Jim Baker streckte den Kopf aus den Decken und grinste ihn im Schein der Lampe breit an.

„Was ist, Matt? Hat dich die Kälte endlich wachgefroren?"

„Wir gehen morgen früh! Ich scheiße auf das Gold. Das holen wir später. Wir müssen raus hier! So schnell wie möglich. Einverstanden?"

„Ich habe gesagt, daß du der Boß bist, Matt", erwiderte Jim ernsthaft, und Matt Larkin kniete vor ihm nieder. Ganz nahe kam er Bakers Gesicht dabei. Fast berührten sich ihre Nasenspitzen.

„Paß gut auf, Jim, was ich jetzt sage: Ich weiß, daß du mir mit dem Revolver überlegen bist. Du bist mir auch in dieser verdammten Wüste über. Ich hatte nicht alle Tassen im Schrank, als ich wie ein Büffel losrannte. Das ist mir alles klargeworden. Ich weiß aber auch, daß du uns beide hier heil rausbringen kannst. Ich kann es wahrscheinlich nicht. Du würdest es vielleicht gerne sehen, wenn ich irgendwo da hinten liegenbliebe. Und du möchtest dir vielleicht den Triumph gönnen, daß ich mir selber den Schädel eingerannt habe ..."

„... stimmt, Matt", sagte Baker dunkel, und seine Augen funkelten.

„Jetzt halt's Maul, ich bin noch nicht fertig: Da liegen Hunderttausende. Du kannst tun, als ob sie dir gleichgültig wären, aber ich weiß, daß das nicht stimmt. Ich muß jetzt wissen, ob wir zusammen hier rauskommen oder ob du Kampf haben willst. Ich bin wieder gut erholt. Wir machen es dann gleich und jetzt und hier aus! Wenn aber nicht, so gehen wir los, es geschieht, was du willst, und wir überlegen uns draußen, wie wir es mit dem Gold machen. Also, jetzt sage, was gemacht werden soll!"

Schwer atmend richtete sich Matt Larkin auf. Auch Baker wickelte sich aus den Decken. Er reckte die Arme, rückte den Revolvergurt zurecht und spreizte die Beine. Larkin preßte die Lippen zusammen. Eine Minute standen sich die beiden Männer gegenüber. Eine zweite Minute. Kein Laut unterbrach die Stille.

Dann sagte Baker, und in seinem Gesicht regte sich kein Muskel: „Ein Mann hat nie einen Grund, sich vor einem anderen zu demütigen. Kampf wäre jetzt nicht fair. Du bist schwächer, als du glaubst."

„Red nicht soviel", fuhr Matt ihn an.

Nun entspannte sich Bakers Gesicht, und er lächelte. Er sagte: „Morgen früh, Matt, in Ordnung. Da hinten liegen Zeitungen. Zieh dich aus, und wickel sie dir um Füße und Beine, den Leib und Oberkörper. Dann zieh deine Sachen wieder an. Du wirst sehen, wie warm das hält."

„Hast du das gemacht?" staunte Larkin.

„Yeah, gestern abend als du die Carreta geholt hast."

Baker legte sich wieder hin, und nur noch ein Auge schaute aus den Decken heraus. Mit diesem Auge beobachtete er, wie Larkin sich auszog und tat, was ihm geraten worden war. Dann wickelte sich Larkin in seine Dekken, legte sich neben Baker, und auch er hatte nur ein Auge, mit dem er Bakers Auge musterte. Nach einer Weile erklang es dumpf unter seinen Decken: „Der Teufel wird Sodbrennen kriegen, wenn du vor seiner Tür erscheinst, du verdammter Halunke."

„Wird's wärmer?"

„Das kann man wohl sagen."

Als Larkin eingeschlafen war, blies Baker die Lampe aus, und er blickte noch einen langen Augenblick gegen die Felsdecke, gegen die der See schwache Lichtreflexe warf.

Sie hatten die zwei Wasserbälge, die sie in der Höhle gefunden hatten, voll Wasser geschöpft. Dann türmten sie vor der Höhle Steine auf, bis nicht einmal mehr ein kleiner Spalt von dem Eingang zu sehen war. Jim Baker brachte Klumpen von Lehm und Sand, verstopfte damit die Fugen und steckte überall Wurzeln von Tobosa-Gras dazwischen.

In dieser Jahreszeit schlägt sich die Verdunstung des Sees nachts an den Wänden nieder. „In vierzehn Tagen sind die Wurzeln angegangen", sagte Jim Baker. „Niemand wird die Höhle finden, wenn er nicht weiß, wo der Eingang ist.

„Wenn man die Carreta findet, wird man zwar annehmen, daß hier vier Männer umgekommen sind, aber, Jim, wie wird man sich erklären, daß diese vier auch alle unter Grabhügeln liegen?"

„Du hast den Apachen vergessen. Es sind fünf Grabhügel. Man stellt in der Wüste nicht viele Fragen. Abgesehen davon, glaube ich nicht, daß jemand den Canyon überhaupt findet. Er liegt abseits von allen Wegen, die durch die Gila führen. Und wenn, so wird man über das Wasser so froh sein, daß man alles andere vergißt."

„All right, wir kommen ja bald wieder."

Sie schulterten die Wasserbälge, steckten die Gewehrläufe durch die Schlaufen und hingen sich die getrockneten Fleischstreifen an die Revolvergürtel. Ihre Taschen beulten sich von Munition, und Matt Larkin hatte sich in die beiden Gesäßtaschen seiner Hose zwei Beutel mit Nuggets gesteckt. Jim Baker entfaltete eine alte Zeitung, die er auf der Carreta gefunden hatte und der Matt Larkin keinerlei Beachtung geschenkt hatte: „Quijotoa Prospector vom 15. September 1878", murmelte er.

„Irgendein Minenort", sagte Larkin.

„Yeah, aber paß mal auf, das Datum, Matt! Sagt dir das Datum nichts?"

„Hm, warte mal. 15. September? Verdammt noch mal", sagte der Deputy und starrte den Texaner an. „War das nicht ungefähr der Tag, an dem ich dich in Mexiko hochgenommen habe?"

„Das war genau der Tag, Matt. Also vor 13 Tagen. Acht Tage waren wir unterwegs, fünf sind wir hier."

Larkin setzte den Wasserbalg ab und rieb sich über die Stirn.

„Mensch, Teufel noch mal. Als die Burschen vor fünf Tagen von dem Alten erschossen wurden, war diese Zeitung genau acht Tage alt. Sie können doch das Ding nicht gekauft haben, bevor es gedruckt wurde. Jim, das erklärt, warum der Mais in ihren Säcken noch grün war! Dieses Quijotoa muß ganz in der Nähe sein. Eine Acht-Tage-Reise mit der Carreta! Und wenn sie das Läuseblatt einen Tag nach dem Druck gekauft haben, dann ist es nur eine Reise von sieben Tagen von hier entfernt."

„Genau, Matt."

„Wieviel Meilen haben die Maultiere mit dem Wagen gemacht, Jim? Ich denke, zehn bis zwölf Meilen am Tag."

„Das könnte ungefähr stimmen. Die Maultiere waren noch ziemlich gut im Futter. Sie sind wahrscheinlich nachts marschiert. Aber mit einem solchen Wagen kann man nicht schnurgerade fahren. Man muß Umwege um Geröllfelder und Kaktusfelder machen. Und man muß meilenlang Arroyos mit steilen Uferböschungen umgehen, ehe man eine gute Furt findet. Nehmen wir an, daß sie das Blatt druckfrisch am 15. September gekauft haben."

„Daß sie also acht Tage unterwegs waren und zehn Meilen pro Tag gemacht haben. Dann wären das achtzig Meilen, Jim."

„Mit dem Wagen. Du kannst etwa ein Drittel der Strecke an Umwegen abziehen."

„Verdammt noch mal, dann läge dieses Quijotoa ja nur etwa fünfundfünfzig Meilen von hier."

„Nur ist gut. Aber das stimmt ungefähr. Das wäre entweder noch vor der Bergkette im Osten oder mittendrin an irgendeiner Quelle, oder direkt dahinter."

„Du meinst die Berge, die wir hinter dem Montezuma-Kopf gesehen haben?"

„Yeah, die. Paß auf, Matt, unsere Chance ist gut. Wir

marschieren geradewegs durch die Hindernisse, die sie mit dem Karren umgehen mußten. Wir machen etwa 2 Meilen in der Stunde. Wenn wir nachts gehen, so schaffen wir bestimmt, mit den Pausen eingerechnet, sechs bis sieben Stunden. Und morgens und nachmittags, wenn die Sonne nicht so stark ist, noch einmal vier Stunden."

„Zehn Stunden pro Tag? Das wären zwanzig Meilen. Wir könnten übermorgen ..." Larkin verstummte. Er sah den Texaner an, der die kleine Zeitung zusammenfaltete und in die Tasche steckte. „Du hast dir das doch schon vor vier Tagen zusammengereimt oder nicht?"

„Doch", sagte Jim Baker, „aber die Frage ist nur eben, daß wir dieses Quijotoa finden. Ich wette, daß diese Burschen die einzigen waren, die das Nest jemals in Richtung Westen verlassen haben. In den Artikeln wird nur von Tubac und von Tucson gesprochen. Und die Wege dorthin scheinen schon eine Hölle für sich zu sein. Auf dem Wege nach Tucson ist ein ganzer Versorgungstreck in die Irre gegangen und verdurstet. Nach Bibee scheinen sie über Spell's Brunnen zu gehen. Darüber schreiben sie eine ganze Seite von Chiricahua-Apachen, die alles niedermachen."

„Also ein ziemlich abgeschnittenes Goldgräbernest mitten in der Gila."

Larkin steckte seinen Gewehrlauf durch den mit Dekken umwickelten Wasserbalg und warf ihn über die Schulter. „Mir ist das verdammt egal. Wo eine Zeitung gedruckt wird, da soll es mir recht sein fürs erste. Vielleicht können wir da unten Maultiere und Wagen bekommen und nach acht Tagen schon wieder zurückgehen, um das Gold ..."

„Du vergißt eines, Matt", sagte Jim Baker und ging

los. „Ich bin sicher, daß die drei Burschen nicht auf den Kopf gefallen waren. Aber in so einem kleinen Nest können drei Männer mit zwei Maultieren und einem Wagen nicht über Nacht verschwinden, ohne daß man es nicht merkt und sich Gedanken darüber macht."

„Du meinst...?"

„Denk doch mal nach, Matt: Es muß in den Bergen Gold geben, sonst gäbe es kein Quijotoa. Steht ja auch genug davon in der Zeitung drin. Ein Al Johnsonn soll zum Beispiel an einem Tag aus einem Bach für zweihundert Dollar Placergoldstaub gewaschen haben. Und sie machen es nicht als einmalige Sensation auf, berichten nur ganz kurz darüber. Also weiß man genau, warum man mitten in der Wüste sitzt. Nun verzichten aber drei Burschen auf diese Schätze und wandern nach Westen. Mit Mais, mit Wasser, Konserven und viel Munition. Aber kein Gramm Pulver zum Sprengen, nicht einmal mit Schaufel und Piken. Was denken sich die Leute, he?"

Sie kamen an drei Grabhügeln vorbei und bogen in den geraden Canyon ein, der hinausführte.

„Verdammt, so meinst du, daß man ihnen folgen wird?"

„Das ist wahrscheinlich, Matt." Um Bakers Lippen spielte ein feines Lächeln. „Weißt du, an was ich denke, Matt?"

„Das kann ich mir denken. Wenn der Sturm nicht die letzten Spuren des Wagens verwischt hat, werden sie den Canyon finden. Und sie finden auch das Gold."

„Ich habe an die Toten gedacht, Matt. Sie finden die Toten und das Gold." Larkin starrte ihn an. „Sie können uns das Gold nicht streitig machen, Jim. Hah, ich habe die Nuggets mitgenommen. Die werden wir gleich, wenn wir dieses elende Nest erreichen, vorzeigen. Dann ist alles in Ordnung."

„Hm."

„Was heißt hier ‚Hm'?"

„Stell dir mal vor, was eine Handvoll geldgieriger Männer macht, wenn sie vor dieser Goldader stehen und dann erfahren, daß schon zwei andere vor ihnen dagewesen sind. Es liegen vier Tote da. Fein säuberlich begraben. Sie werden sagen, wunderbar ihr beiden, jetzt haben wir die Mörder des alten Paddy, die Mörder von Nick und den anderen erwischt. Die Beweise sind einwandfrei..."

„Aber hör mal, das ist doch..."

„Für ein Prospektorengericht ist das einwandfrei. Alle Leute in Quijotoa werden zwar den Burschen nicht mehr an die Ader in der Höhle tippen können, aber sie werden alles stehen- und liegenlassen und zum Canyon fahren und dort ihr neues Quijotoa aufschlagen. Die Ader geht weiter in den Fels. Vielleicht sind es viele Millionen, die da herauszuhauen sind. Und das alles sollte zwei halbverdursteten Männern gehören, von denen der eine auch noch steckbrieflich wegen Mordes gesucht wird? Und dann sind da die vier Toten, Matt. Wir haben sie umgebracht. Das ist auch für einen, der gar nicht geldgierig und bösartig ist, das Nächstliegende. Warum sollten sich die vier gegenseitig abmurksen? Warum wir es getan haben, das ist ja jedem klar, denn das hätten die anderen an unserer Stelle auch getan. Einfach abgemurkst, die vier ahnungslosen Millionäre. Wir würden fein säuberlich die Köpfe in Schlingen stecken, und die Zeitung würde von Gerechtigkeit faseln. Und wenn es uns gelänge, uns vorher davonzumachen, so würde sich ein

Mann finden, dem man nur einen Blechstern ans Hemd zu heften und einen Haufen Geld zu versprechen braucht, und wir wären die Gejagten."

Matt Larkin preßte die Lippen zusammen. Er warf einen Blick zurück zu den Grabhügeln. „Wenn man ihnen gefolgt ist, dann sofort, also verstehe ich nicht, warum dann noch keiner aufgetaucht ist."

„Stimmt, Matt. Ich wette, daß sie den Apachen in die Arme gelaufen sind." Allmählich stieg der Boden der Schlucht an, die Wände wurden niedriger, die Felsbrocken im Flußbett weniger und vor allem kleiner.

Die Sonne strebte ihrem höchsten Punkt zu. Es herrschte bleischwere Hitze, und am leuchtend blauen Himmel war kein Wölkchen zu sehen. Erst als sie wieder oben auf dem weiten Hochplateau standen, die Wasserbälge absetzten und einen Becher Wasser tranken, meinte Matt Larkin:

„Entweder sie sind tatsächlich den Apachen in die Hände gefallen oder gar nicht erst den drei Burschen gefolgt."

„Beides wäre dir recht, was?" grinste Jim Baker ihn an. Larkin lächelte zurück und nickte ruhig.

„Sicher! Es geht um einen Berg voll Gold, Jim. Das, was ich jetzt denke, hat Amerika gemacht. Schon von Anfang an. Die Spanier haben damit angefangen vor dreihundert Jahren."

„Siehst du den Unterschied endlich, Matt? Hier im Süden wohnen ein paar Millionen Menschen, die ganz und gar nicht so dachten. Wir haben alles so gelassen, wie es war. Kein Rinderbaron hat jemals die Natur erobert und verändert, sondern sie benutzt, wie sie war.

Deshalb hat es Krieg gegeben." Er lachte hart. „Und die Yankees nennen sie Rebellen!"

„Yeah, yeah, richtig. Es stimmt. Aber du gibst doch zu, daß es auch euch genauso geht wie den Indianern. Ihr werdet verschwinden. In dreißig Jahren werden hier auch die Schornsteine qualmen, und man fährt in feinen Pullmanwagen durch die Gila. Neger bringen dir eisgekühltes Bier, und du schaust aus dem Fenster, und alles fliegt vorüber wie ein Schatten. Du wirst keinen Grabhügel mehr von einem Termitenhaufen unterscheiden können und mit irgendeinem Gentleman über die Narren reden, die sich hier die Füße abgelaufen haben." Er bückte sich und hob eine Revolverpatrone auf, die aus einer Patronenschlaufe zu Boden gefallen war. Er hielt sie zwischen zwei Fingern hoch und betrachtete sie. „Da, vor fünf Jahren noch plagte man sich mit den Perkussionsrevolvern ab. Du hattest die Taschen voll Bleikugeln, Papierstopfen, Zündhütchen und Pulverflasche. Ein bißchen zu wenig Pulver, und du hast nicht mal auf zehn Schritte mehr einen Baum getroffen, ein paar Krümel zu viel, und die Kanone flog dir um die Ohren. War das Pulver feucht, ging es nicht los. Und jetzt? Patronen, zuerst die Weichbleigeschosse wie das hier. Aber du kaufst ja schon seit zwei oder drei Jahren die teuren Kupferhalbmantelpatronen."

„Weil sie genaueres Treffen erlauben. Sie treffen auf größere Entfernungen besser. Die Wirkung ist auch besser", sagte Baker. „Was ist?"

„He", meinte Matt Larkin, „Moment mal, Jim. Du feuerst doch .44-40er Patronen, nicht wahr?"

„Yeah, weil sie auch ins Gewehr passen. Das sind die einzigen, die deshalb mit dem Halbmantel gemacht werden. Man braucht in einem Revolver keinen stabilen Mantel, aber im Gewehr verformt die größere Lauflänge das Bleigeschoß."

„Mensch, jetzt werde ich verrückt", sagte Larkin und wischte sich über die Augen. „Jetzt weiß ich, daß du Johnny Carruther gar nicht erschossen haben kannst, Jim."

Jim Baker hob den Kopf, dachte nach, dann leuchtete es in seinen Augen auf, und er sagte: „Na klar. Ich war der einzige, der in Phoenix Kupferhalbmantelpatronen kaufte. Jerry Smith bestellte sie in St. Louis und schickte mir immer die ganze Sendung, weil er für keinen anderen Kunden was brauchte. Matt, mit welchen Kugeln sind die beiden Kerle und Johnny erschossen worden?"

„Mit .45er Hartbleikugeln. Ich selber habe ein Geschoß, daß Johnny traf, aus dem Baum gegraben. Die anderen müssen noch drinstecken. Alles .45er Hartblei, Jim. Um Gottes Willen!" Er starrte den Revolvermann an.

„Sie haben sich gegenseitig erschossen! Das ist vollkommen klar! Daran gibt es überhaupt keinen Zweifel. Jeder im County weiß, daß du die .44-40er Halbmantelpatronen brauchst! Auch der alte Hamp weiß es. Nur keiner hat daran gedacht. Und als du weg warst und jeder das als Flucht auffaßte, da..."

„Es war eine Flucht, Matt", sagte Jim Baker ernst.

„... well, aber nicht davor, daß du schuldig warst. Aber deshalb hat keiner mehr daran gedacht. Mensch, Jim Baker, jedes Wort, das du gesagt hast, ist wahr!"

„Wie bist du darauf gekommen? Weil du die ganze Zeit darüber gegrübelt hast, welchen Beweis es für dich gäbe, wenn man dich in Quijotoa..."

„Yeah, das war ein verdammt mulmiges Gefühl. Ich habe mir das vorgestellt. Da steht eine ganze Stadt und brüllt nach dem Galgen, da sind vier Tote, und alles, was gesagt wird, klingt so verdammt logisch und einfach. Da fiel mir zum Beispiel ein, daß ich mit meinem Gewehr diese blödsinnigen .45-60er Patronen verschieße."

„Aber jeder hätte gesehen, daß sie sich mit Revolvern umgebracht haben." Jetzt lachte Jim Baker. „Paß mal auf, Matt. Man hätte in jedem noch Kugeln gefunden. Alles .45er Hartblei. Ich aber habe .44-40er im Revolver. Du, Matt, wärst allein aufgehängt worden. Ich wäre raus aus dem Spiel gewesen."

Auch Larkin nickte mit grimmigem Lachen. „Verdammt noch mal, eine Frage, Jim, du hättest dir doch den Weg freigeschossen, wenn wir dich mit einer Posse gestellt hätten, wie?"

„Sicher! Und es hätte einige Tote gegeben!"

„Und ich würde genau das gleiche tun! So schnell hat man den Kopf in der Schlinge. Und mancher ehrenwerte Mann schwört noch Jahrzehnte danach, daß alles in Ordnung gewesen ist! Weißt du, was ich nicht verstehe?"

„Was, Matt?"

„Du hast mehr als eine Gelegenheit gehabt, mich zum Teufel zu schicken, warum hast du es nicht getan?"

„Das weiß ich selber nicht. Vielleicht war es dein Glück, daß ich mich an meine Geschichte erinnerte. Ausgerechnet in dem Augenblick, als du für mich bereits ein toter Mann warst."

„Und wann war das?" forschte Larkin gespannt.

„Da hatte ich die Armbänder noch an, wußte aber, daß es dir um das Geld ging."

Matt Larkin starrte auf seine geballten Fäuste nieder.

Dann riß er den Silberstern endgültig von dem zerfetzten Hemd ab, warf ihn auf den Boden und trat mit dem Stiefel drauf. „Das ist kein Job für einen Mann, der Millionen erwartet", sagte er fröhlich und wurde dann wieder ernst. „Jetzt könnte ich mir auch den raschen Abzug der Apachen erklären. Vielleicht waren die Männer aus dem Goldgräbernest gar nicht so weit weg. Aber was ist, wenn es viele gewesen sind? Du hast doch selber gesagt, daß nur noch vier Krieger bei den Apachen waren. Und davon hatte ich einen auch noch erwischt."

„Wir werden das bald wissen, Matt."

11

Die Schwarze Witwe und ein Bowiemesser

„Die höllischen Biester sind etwa einen Inch groß und schwarz und haben manchmal auf dem runden Körper einen oder mehrere rote Punkte. Man erkennt sie aber auch daran, daß die Beine an den Gelenken orangegelb sind und nach den Enden zu schwarz werden. Sie nisten unter oder zwischen Steinen in warmen Spalten, aber auch an Mauern. Ich habe gesehen, wie ein Baum von einem Manne gebissen wurde und in genau acht Minuten tot war. Normalerweise passiert gar nichts, wenn man Kleidung über der Haut trägt. Der Biß geht durch Stoff nicht durch,

schon gar nicht natürlich durch das Leder von Schuhen und Handschuhen. Man muß also schon direkt mit einem entblößten Arm, mit der Hand oder dem Gesicht unmittelbar an die Spinne herankommen. Aber dann geht's verdammt schnell. Sie beißt und saust davon. Beim Biß in Gesicht, Nacken, Hals oder Brust ist der Tod unvermeidlich. Wenn's überhaupt eine Stelle gibt, die für einen Biß zum Überleben ideal ist, dann der Oberschenkel oder Hintern. Hier kann man tief einschneiden. Bei einem Biß in Hand oder Fuß hilft nichts als sofortige Amputation, und zwar auf der Stelle, ohne langes Überlegen, innerhalb spätestens einer halben Minute. Eines Tages kam ein Mann aus der Wüste, klopfte an meine Tür und hielt mir einen verkohlten Armstumpf entgegen.

Er war von einer Schwarzen Witwe gebissen worden, hatte sich auf der Stelle mit dem Bowiemesser die Hand abgehackt und sie in einem Haufen Schwarzpulver verkohlt. Ich habe den Mann mit Äther betäubt und den Arm versorgt, das heißt eine Handbreit vom Knochen abgesägt und die überstehenden Muskellappen fein vernäht. Der Mann schaffte sich einen Doppelhaken aus Eisen an und genoß bald in Arizona eine noch intensivere Reputation, als er sie mit zwei Händen gehabt hat. Mit dem begann niemand Streit, und ich habe viele Männer in der ersten Zeit verbunden und versorgt, die Bekanntschaft mit dem Eisenhaken gemacht haben. Dann wurden die Zeiten etwas friedlicher, und der Mann kaufte sich eine Prothese. 1903 habe ich ihn als Senator in den Kongreß gehen sehen.“

Dr. Melville C. Ludwig in einem
Privatmanuskript, San José del Bac, 1911, S. 92

Matt Larkin konnte, was den Wechsel der Jahreszeit betraf, keinen Unterschied feststellen. Die Sonne brannte mit der gleichen Intensität vom Himmel herab wie vorher, und der Sturm, der ständig aus Nordwesten wehte, führte, selbst wenn er keine Wolken vor sich herwehte, stets Staub mit sich. Und dieser Staub durchdrang alles. Man konnte den Mund noch so fest zusammenpressen, bereits zehn Minuten nachdem man ihn sich ausgewaschen hatte, klebte die Zunge am Gaumen, beschwerte ein zäher Breischleim das Atmen, knirschten die hauchfeinen Kristalle zwischen den Zähnen. Dieser Staub bildete in der Nase Propfen, die alle Feuchtigkeit in sich aufsaugten. Er verklebte die Augen, verstopfte die Ohren, setzte sich unter den Achselhöhlen und zwischen den Schenkeln ab. Er war wie Schmirgel, der mit jeder Bewegung die Haut reizte und allmählich zerrieb. Die innerhalb von fünf Ruhetagen fast verheilten und verkrusteten Entzündungsherde aktivierten sich wieder und begannen unter dem Einfluß alkalischer Salze, die der Staub enthielt, rasch wieder zu eitern.

Verbissen marschierten die beiden Männer nach Westen, und als die Sonne ihren höchsten Stand erreicht hatte, suchten sie eine geschützte Stelle zwischen Sotoldornensträuchern, wo sie die Decken aufspannen und die größte Hitze abwarten konnten. Hier fand Larkin einen schmierigen Hut, der an einem Dolchdorn aufgespießt war und sich im Winde schwingend bewegte. Als er den Mund aufmachte, wehte ihm der Wind soviel Staub in den Mund, daß er ihn rasch wieder schloß. Sie sprachen kein Wort. Baker nahm den Hut in die Hand und betrachtete ihn, nachdem die Decken als notdürftiger Schutz gegen den Wind aufgerichtet waren. Es war ein verbeulter alter Filz. Auf dem Schweißband war der Prägedruck eines Händlers aus Westport am Missouri zu erkennen. Gegen Nachmittag ließ der Wind plötzlich nach, und die Luft wurde klarer.

Jim Baker begann, mit einem wassergetränkten Lappen die Augen auszuwaschen, wickelte einen kleinen Fetzen Stoff um ein Zündholz und reinigte sich damit Ohren und Nase. Er gurgelte mit Wasser, bis sein Gaumen frei von Brei war, und richtete sich auf.

„Wir sind gut vorangekommen", sagte er mit krächzender Stimme, während er zurückschaute. „Ein paar Meilen, vielleicht zwei oder drei."

„Was, nicht mehr? Was ist?" Jim Baker ging auf einen großen Sahuaro-Kaktus zu. Dort hatte sich ein Halstuch in den Haardornen des Stammes verfangen. Er nahm es ab, steckte einen Zipfel in den Gürtel und ging ein paar Schritte weiter. Er verschwand hinter einem dichten Pelz von Mesquitegesträuch und kam mit einem zerfetzten blutigen Hemd wieder zurück. Er breitete das Hemd vor Larkin auf dem Boden aus. Es war ein verhältnismäßig gutes Hemd, weiß mit feinen grünen Nadelstreifen, an sieben Stellen von breiten Stichen durchbohrt und dort mit Blut getränkt. Das Halstuch war blau und von acht Kugeldurchschlägen durchbohrt. Sie brauchten kein Wort über diese Funde zu verlieren. Matt Larkin schaute nach Nordwesten. Das Gelände, auf dem sie standen, lag etwas höher als das Plateau, das sie gerade verlassen hatten. Man konnte den Canyon, aus dem sie gekommen waren, noch gut wie eine langgestreckte und scharf gekrümmte Schnittwunde im Land erkennen. Als Matt Larkin starr auf einen Punkt in der Ferne blickte, trat Jim Baker neben ihn, und auch er sah den vierrädrigen

Wagen, der dort, keine halbe Meile entfernt, auf einer vom Wind blankgeputzten Felsplatte stand, die in der Sonne blau und gelb schimmerte. Sie gingen zu diesem Wagen hin, dessen Plane nur noch aus Fetzen bestand. Als erstes fanden sie den Körper eines Mannes, dem der Kopf fehlte, danach einen jungen Burschen, dem Teile der Gliedmaßen abgehackt waren. Nach einer Stunde wußten sie, daß sechs Männer mit diesem Wagen gekommen waren und daß die Apachen die vier Maultiere, die ihn gezogen hatten, mit sich genommen hatten. Die Leichen der Weißen waren alle nackt und verstümmelt. In den Dornsträuchern hatten sich derbe Stiefel, Hüte und Handschuhe verfangen. Im Wageninnern standen zwei zerhauene Wasserfässer, lagen ein Dutzend Patronenhülsen und zwei lange Messer. Das Holz war überall mit Blutspritzern gesättigt. Baker kletterte schließlich hervor und hielt einen Briefumschlag in der Hand. Er zog zwei eng beschriebene Seiten Papier daraus hervor, entfaltete sie, las ein paar Zeilen und reichte sie dann Larkin.

„Ein Speiselokal", murmelte Larkin, „die zweitausend Dollar sind wohl Geld, das der Junge seinem Mädchen nach St. Louis geschickt hat." Er schaute sich um, und Jim deutete auf den Körper des jungen Burschen, dem die Gliedmaßen abgehackt worden waren.

„Die anderen sind älter. Der Brief wird ihm gehört haben. Sie wollten Weihnachten in Nogales heiraten. Das Mädchen ist vielleicht jetzt schon unterwegs."

„Wir müssen sie bestatten."

„Wie? Das ist blanker Fels."

„Man könnte sie in den Wagen legen und ihn anzünden."

„Zu gefährlich. Diese Horde Apachen ist nicht die

einzige. Irgendwo stoßen sie wieder mit anderen zusammen. Vielleicht schon sehr bald. Wir lassen sie liegen wie sie sind. In vier Wochen sind nur noch die Gerippe übrig." Er nahm den Brief und steckte ihn dem jungen Toten zwischen die Zähne.

„Wölfe?" meinte Larkin.

„Gibt es hier nicht. Hier würde kein Wolf überleben. Nicht einmal Geier wagen sich so weit in die Gila hinein. Ameisen und anderes Kleinzeug. Gehn wir."

Sie traten den Rückweg an. Keuchend ließen sie sich hinter den aufgespannten Decken nieder. Matt Larkin verfiel in unruhigen Schlaf, und Jim Baker beobachtete, wie die Wüste mit jeder Stunde, die sich die Sonne neigte, ihre Farben veränderte. Der Montezuma-Kopf, ein hochaufragendes eimerartiges Felsgebilde, etwa zehn Meilen entfernt im Osten, schien von Stunde zu Stunde näher zu rücken. Als sein mächtiges Fundament in violettblauen Schatten versank, rüttelte Baker Larkin wach. Sie schulterten ihre eingerollten Wasserbälge und marschierten auf den Montezuma-Kopf los. Es dämmerte, es wurde dunkel. Sie durchwanderten Felder von Lechuquilla-Kakteen, deren dolchartige Blätter wie Rasierklingen ihre Kleider aufschnitten.

„Ein verdammtes Glück, daß der Wind nicht wieder auflebt", sagte Larkin mit klappernden Zähnen. Sie nahmen die Decken von den Wasserbälgen und wickelten sich darin ein. Sie stopften sich Zeitungsblätter unter Hemd und Hose und froren trotzdem jämmerlich. Plötzlich war der felsige Untergrund zu Ende, als hätte ihn vor Urzeiten ein gewaltiger Riese mit einem einzigen Beilhieb aus der Erdkruste herausgeschlagen. Sand bedeckte den Boden, feiner grauer Sand, der bei jedem

Schritt aufwirbelte und sich langsam niedersenkte. Auf einem nackten Hügel lagerten sie im Schatten hoher Felsen. Und hier geschah es: Matt Larkin hatte sich zu Boden gesetzt, sich mit dem Rücken an die Felswand gelehnt, die Augen geschlossen und stützte die rechte Hand in eine im Schatten liegende Mulde. Plötzlich fuhr die Hand hoch, und er und Jim Baker sahen eine schwarze behaarte Spinne behend davonlaufen und in einer Ritze verschwinden.

„Verdammt!“ schrie Jim Baker, und Matt Larkin stand auf den Beinen und starrte die zwei kleinen Blutstropfen mitten auf der Innenhand an. „Eine Schwarze Witwe!“

Er packte Larkins Hand, stieß sie gegen den Felsen, sein Bowiemesser blitzte in der Sonne, ein heftiger Hieb mit der Schneide, ein knirschendes häßliches Geräusch, und... Larkins Hand war ab.

Der Deputy preßte die Zähne zusammen. Er war grau im Gesicht geworden. Aus dem Armstumpf schoß das Blut in dickem Strahl. Er stand da und starrte, und Jim holte eine Rohhautschnur aus der Tasche, nahm sie dreifach, schlang sie etwa fünf Zentimeter über der Hiebfläche zusammen und stieß hervor: „Anziehen, Matt. Ich hole einen Knebel!“

Matt Larkin nahm die beiden Enden der dreifachen Schnur in die linke Hand und drehte daran. Der Blutstrom versiegte. Da kam auch schon Baker mit einem kräftigen Greasewoodstengelstück zurück. Er verknotete die Schnurenden, schob das Holzstück dazwischen und begann zu drehen. Larkins Zähne knirschten. Tief aus seiner Brust kam ein heiseres Ächzen, und plötzlich war er am ganzen Körper in Schweiß gebadet. Als kein

Blut mehr kam, hielt Larkin den Knebel fest und sank zu Boden. Baker gab ihm Wasser.

Er sagte: „Wir müssen es verschmoren, Matt. Richtig gesagt, ich muß den Stumpf jetzt regelrecht verkohlen."

„Mach schon", stieß Larkin hervor.

Baker holte eine Patrone nach der anderen hervor, klemmte die Geschosse zwischen seine kräftigen Zähne und brach sie dann mit einer Hebelbewegung der Hand aus der Hülse. Das Pulver schüttete er auf einen flachen Stein. Zehn Patronen, zwanzig Patronen. Es war eine ganze Handvoll granuliertes graublaues Schwarzpulver. Er tumpfte mit einem Zipfel seines Hemdes den Armstumpf vom Blut ab, wusch kurz mit einem feuchten Lappen darüber, hielt Larkin die Flasche an die Lippen, und Larkin trank mit langen tiefen Schlucken unter Stöhnen.

„Brauchst nicht hinzusehen", sagte Baker. „Ich mache das schon." Er packte den Armstumpf und tippte ihn sacht gegen das Pulver. Noch einmal, bis der Stumpf schwarz von Pulver war. Dann hielt er ihn schräg etwa einen halben Zentimeter über den Pulverberg, sagte „Jetzt", und er riß ein Zündholz an und steckte es an den seitlichen Rand des Pulvers. Eine zischende Flamme schoß in einer weißen Pulverwolke auf. Larkin stieß einen gellenden Schrei aus und kippte ohnmächtig zur Seite. Als Jim Baker den verkohlten Armstumpf sah, bemerkte er auch, daß seine Hand, die den Stumpf gehalten hatte, schwarz versengt war.

Er öffnete wieder zehn Patronen und wiederholte die Prozedur, bis der Armstumpf Larkins tief genug verkohlt war. Dann verband er den Arm und wickelte sich einen nassen Lappen um die Hand.

Vom Biß der Schwarzen Witwe bis zum Abschlagen der Hand waren dreißig Sekunden, bis zum Abbinden acht Sekunden, bis zum Verkohlen 4 Minuten vergangen.

Als Larkin die Augen aufschlug, hielt Baker ihm einen Becher an die Lippen. Nach dem ersten Schluck fragte Larkin keuchend:

„Mensch, was ist das?"

„In Wasser aufgelöstes Schießpulver und ein Haufen Laudanum. Ich habe es in der Höhle des Alten gefunden. Wollte es zuerst gar nicht mitnehmen. Los, trink, rasch."

Larkin trank, und nach einer halben Stunde öffnete er wieder die Augen. Mit schwerer Zunge sagte er: „Jetzt wird's erträglich. Ich fühle mich so schwer."

„Du wärst längst tot, wenn du das Gift im Körper hättest. Vielleicht ist ein bißchen ins Blut gekommen. Bestimmt nicht viel." Baker schob ihm eine Zigarette zwischen die Lippen und hielt ein Zündholz daran. Larkin sog den Rauch ein. „Entweder ist man nach zehn Minuten hin, oder man übersteht."

„Und wozu das Schießpulver?"

„Dann wird die Entzündung nicht so schwer. Ich kannte einen jungen Arzt in Panhandle, der hat mit Schießpulvertränken ein Dutzend Cowboys von den Pocken geheilt."

„Daher also der Name Kanonensohn, wie?"

„Sicher. Das ist ein altes Trappermittel. Du wirst die Scheißerei kriegen, aber vielleicht nicht einmal eine schlimme Entzündung."

Zwei Tage und zwei Nächte blieben sie auf dem Hügel im Felsschatten, und die beiden Männer sprachen nicht viel. Larkin wartete auf das Wundfieber. Aber es kam nicht. Der Armstumpf schwoll wohl an, aber die Entzündung blieb auf das untere Drittel des Unterarms beschränkt.

Dann kam der Augenblick, an dem Larkin sich aufrichtete, auf unsicheren Beinen ein paar Schritte machte und dann Jim Baker anschaute. „Wo ist die Hand?" fragte er und Jim deutete auf einen großen Stein.

„Darunter."

Larkin nickte. „Wann gehen wir weiter?" fragte er.

„Morgen früh."

In der Nacht wurde Larkin wach.

„Lassen die Schmerzen nach?" hörte er Jims Stimme neben sich.

„Yeah, ein bißchen." Dann schliefen sie wieder, und in der Morgendämmerung brachen sie auf. Larkins Arm ruhte in einer Halstuchschlinge. Er ging neben Jim her, setzte einen Fuß vor den anderen und sagte kein Wort.

Gegen Mittag lagerten sie im Schatten des Steilufers eines sandgefüllten Arroyos.

Matt Larkin hatte die Lippen zusammengekniffen und atmete schnell. Jim Baker musterte ihn von der Seite und fragte: „Du bist ziemlich fertig, was?"

„Meine Lungen brennen. Es ist, als ob mir bei jedem Atemzug ein Messer in den Rücken gestoßen würde."

Am späten Nachmittag gingen sie weiter. Immer nach Osten auf die blau im Dunst liegende Bergkette zu, die sich vom nördlichen bis zum südlichen Horizont erstreckte.

In der Nacht blieb Matt Larkin schon nach zwei Stunden zurück. Matt Larkin hatte einen unerträglichen Durst. Er trank mehr als drei Becher Wasser, aber je mehr er trank, um so unerträglicher wurde der Durst. Nach einer Stunde raffte er sich auf, sagte, daß er in Ordnung sei, und ging weiter. Aber schon nach einer Weile konnte er nicht mehr gehen, weil ihm ein Krampfhusten mehr Luft nahm, als er bekam. Es war ein Erstickungsanfall, der erst nach einer Viertelstunde vorüberging. Danach war Matt Larkin nicht mehr fähig, auch nur noch die Hand zu erheben. Jim kniete neben ihm und starrte ihn an.

„Matt, da hinten sind die Berge. Du wirst dich auf mich stützen."

Larkin legte einen Arm um den Texaner. Sie gingen weiter. Als der Morgen graute, sank Matt Larkin an einem Katzenklauendickicht zu Boden.

„Matt, hier sind noch vier Gallonen Wasser drin. Genausoviel wie wir am Anfang hatten – und wir sind fast am Ziel."

Als Larkin Baker anblickte, war das Weiße in seinen Augen rot von geplatzten Äderchen.

Nach einer halben Stunde stand er auf. „Weiter, ich – will weiter."

Mit steif aufgerichtetem Körper und hölzernen Schritten ging Matt Larkin voran. Jim Baker folgte ihm, das Gewehr geschultert, an dem der deckenumwickelte Wassersack am Rücken herabhing. Jim Baker kaute an einem Streifen trockenen Maultierfleisches. Er wartete darauf, daß Matt Larkin stehenbleiben würde. Aber Matt Larkin ging weiter. Durch eine breite Senke, deren Boden mit verwittertem Steingeröll bedeckt war. An Nopal-Kakteen vorbei, deren Dornen grünlich in der Sonne schimmerten, als wären sie mit Gift angestrichen. Mechanisch setzte Matt Larkin einen Fuß vor den anderen. Er hatte den Kopf in den Nacken gelegt, sein gesunder Arm schlenkerte, und die beiden Nuggetbeutel füllten prall seine Gesäßtaschen. Durch zahllose Schlitze und Risse im fadenscheinigen Stoff seiner Hose schimmerte die rote Unterhose und durch Löcher in dieser die rot entzündete Haut.

„Warte", sagte Jim Baker nach einer Meile, „mach eine Pause, Matt." Aber Larkin hörte nicht. Larkin ging weiter, immer im gleichen Tempo, einen Fuß vor den anderen setzend, immer schnurgerade auf die Bergkette zu. Während Jim Baker einmal atmete, atmete Larkin viermal, aber allmählich wurde sein Atmen regelmäßiger.

Schließlich, als Larkin eine leichte Steigung hochmarschierte und oben am Rande der Senke einen Augenblick stehenblieb, packte Jim Baker seinen Unterarm und herrschte ihn an: „Setz dich jetzt hin, Matt! Du hast genug!"

Da drehte sich Larkin um, und Baker erschrak vor der aschgrauen Farbe seines Gesichtes. Die Wangen waren tief eingefallen, die Augäpfel standen unnatürlich groß in dunklen Höhlen.

„Ich gehe – nicht – vor – die Hunde", stieß Larkin hervor. „Hörst du? Ich – werde – das ver ... dammte Nest finden. Du hältst mich nicht – auf, verstanden?"

Matt Larkin setzte sich wieder in Bewegung. Als es Mittag war, steuerte er auf den Fuß eines Hügels zu, der mit einem grünen Schimmer überzogen war und an dessen Fuß sich ein Tümpel milchkaffeefarbenen Wassers befand.

„Wasser", sagte Matt Larkin, und seine Stimme war keine Stimme mehr. Jim Baker überholte ihn, kniete an dem Tümpel nieder, tauchte die Hand hinein, leckte daran und spuckte aus.

„Soda. Los, jetzt setz dich her. Du hast die ganze Zeit nicht mehr gehustet."

„Na – bitte", antwortete Matt Larkin. Er setzte sich auf den weißen Boden, wartete, bis Jim einen Becher voll Wasser hatte, und trank. Dann nahm Larkin einen Beutel aus der Gesäßtasche, öffnete ihn und nahm einen Nugget heraus.

„Ich werde – nach Cheyenne – gehen. – Wyoming, das – ist ein – Land. Gras und – Bäume, wohin – du auch – gehst, und Flüsse." Er schaute Jim Baker an. „Ich glaube – ich habe – Fieber, Jim."

„Yeah, ziemlich hoch sogar."

„Man kann – allerhand – dagegen tun – aber nichts – davon – haben wir. Du hast – gesagt, daß – du – auf mein – Grab – spucken wirst..."

„Red keinen Quatsch! Leg dich hin."

„Ich werde eine – ganze Stadt – kaufen. Und Weideland – für hunderttausend Rinder – Paß auf – was – ich dir – sage, für hunderttau..."

Larkin neigte sich zur Seite, und Jim bettete ihn auf den Boden. Er holte die Flasche Hostetterbranntwein aus der Tasche, in der noch ein Rest war, und flößte Larkin davon etwas ein. Mit geschlossenen Augen schluckte Larkin. Dann streckte er sich, lag still und war eingeschlafen.

Baker hockte neben ihm und kaute an einem Streifen Fleisch. Er sah zu dem Bergzug im Osten hinüber, dann nach Westen, wo im Sonnenglast der Montezuma-Kopf glänzte, als sei er in der Nacht mit frischer brauner Farbe angestrichen worden. Er baute aus den Decken ein Zelt über den Schlafenden und hockte sich mit untergeschlagenen Beinen davor. Der vergehende Tag zeichnete den Schatten des Texaners auf den Boden, und als der Abend dämmerte, zog Baker dem Deputy die Stiefel von den Füßen und rieb das rohe Fleisch der Fußsohlen mit dem letzten Rest grauer Salbe ein, den er hatte. Als die Sonne sank, rollte er Larkin in die Decken ein und gab ihm hin und wieder Wasser, mit Brandy vermischt.

12

Quijotoa

„Es ist unbegreiflich, was Americanos aushalten können, nicht weil sie körperlich kräftiger sind, sondern weil sie nicht aufgeben können. Sie erinnern mich an die spanischen Conquistadores, die auch nur von ihrer unersättlichen Goldgier zu gigantischen Leistungen beflügelt wurden."

Pierre Lejeune in: Hommes, 1917

Es war eine Stunde nach Mitternacht, als Matt Larkin erwachte. Seine Zähne klapperten vor Kälte aufeinander. Jim Baker hatte aus abgestorbenen Mesquiteästen ein Feuer entzündet. Larkin blinzelte in die Flammen und fragte:

„Wieviel Meilen noch – Jim?"

„Ungefähr fünfzehn bis zu den Bergen, Matt. Es kann etwas mehr oder weniger sein. Du bist marschiert wie ein Wanderprediger, und jetzt hast du Fieber."

„Das spüre ich – Jim?"

„Yeah, Matt?"

„Habe ich noch eine Chance?"

„Das kann ich nicht genau beurteilen. Aber ich glaube schon."

„Aber ich habe – das Gefühl – als hätte ich nur noch – eine halbe Lunge. Das ist so verdammt – schwer dadrinnen."

„Well, ich würde sagen, wir müssen jetzt weiter, Matt. Kannst du aufstehen?"

„Sicher – kann ich – aufstehen."

Zuerst richtete der Deputy den Oberkörper auf. Dann half ihm der Revolvermann auf die Beine. Aber als Larkin die ersten Schritte tun wollte, bekam er weiche Knie, und Baker mußte ihn stützen.

„Da, sieh dahin", Baker deutete mit dem ausgestreckten Arm nach Osten, wo ganz schwach dunkel die Umrisse des Gebirges am Horizont erkennbar waren. „Bevor die Sonne weiß wird, müssen wir wenigstens am Fuß der Berge sein. Wir haben noch fünf Stunden bis zum Sonnenaufgang vor uns."

„Also los jetzt", Larkins Zähne knirschten aufeinander. Er nestelte seinen Revolvergürtel los, und er fiel polternd zu Boden. Dann holte er die kleinen Lederbeutel aus den Gesäßtaschen und hielt sie Baker hin.

„Was soll ich damit?"

„Nun, nimm du sie."

„Ich brauche kein Gold", sagte Baker schroff.

Larkin warf die Lederbeutel zu Boden. Der eine öffnete sich, und die stumpf glitzernden Metallstücke kollerten heraus und blieben am Boden liegen.

„Gold", murmelte Larkin, und als er zu lachen versuchte, überfiel ihn wieder der Hustenreiz. Nachdem der Anfall vorübergegangen war, gab er einigen Nuggets einen wütenden Tritt, und die Goldstücke flogen davon, flogen irgendwo gegen trockene Mesquitestengel und waren in der Dunkelheit verschwunden. „Los jetzt", stieß Larkin hervor. Und diesmal drückte er bei den ersten Schritten die Knie durch. Matt Larkin schwankte beim Gehen wie ein Betrunkener. Aber er blieb auf den Beinen und wehrte Jim Bakers Arm, der ihn unter die Achselhöhle griff, ab.

Nach zwei Stunden blieb Matt Larkin stehen. Baker schaute zu dem Mesquitehügel zurück. Sie hatten knapp eine Meile zurückgelegt. Es war windstill und sehr kalt. Baker gab Larkin einen Becher Wasser. Nachdem der Deputy getrunken hatte, ging es weiter. Diemal wehrte er sich nicht, als Baker ihn unterfaßte.

Nach weiteren zwei Stunden stieg ein dünner Saum orangefarbenen Lichts hinter den Bergspitzen auf, und als die Sonnenscheibe seltsam fluorisierendes Licht über die Wüste ausbreitete, schienen die Berge dicht vor ihnen zu liegen.

Matt Larkin lehnte sich mit dem Rücken an einen großen Bisnagakaktus und sank dort langsam herunter, bis er saß.

„Geh weiter", keuchte er, „Ich bleibe hier. Ihr könnt – mich ja – dann holen."

„Quatsch nicht so einen Blödsinn. Wir marschieren beide zusammen in Quijotoa ein, verstanden. Noch fünf Meilen." Jim Baker ließ sich neben dem Deputy nieder. Dabei fiel etwas klirrend aus seiner Hosentasche, und Larkins Hand tastete danach. Er hob die ... Handschellen hoch und lachte ohne Stimme.

„In diesem – Licht – sehen sie – aus, als – ob sie aus – Gold wären. Hah, Gold – aber du kannst – Johnny nicht erschossen haben – Jim, das steht fest. Und alles – war umsonst – für die Katz. Ich – hätte auf dich hören sollen – und mit dir nach – nach diesem San Gabriel – gehen sollen. Kennst du es – übrigens?"

„San Gabriel? Nein, nie gesehen. Diese mexikanischen Dörfer gleichen sich alle. Meistens bestehen sie aus einem Dutzend Lehmhäuser, einem Brunnen und einer kleinen Kirche. Vielleicht wären wir aber kaum, daß wir den Mund aufgemacht hätten, auch abgemurkst worden. Die Greaser hassen nichts so sehr wie die Tejanos."

„Texaner, was?" Über Larkins eingefallenes Gesicht flog ein Lächeln. „Wenn einer – ein besonders – großes Maul hat – so kannst du Gift – darauf nehmen, daß – er aus Texas – kommt."

„Was heißt großes Maul? Bei uns ist das Lügen eine große Gabe. Zum Lügen gehört Phantasie. Das Leben besteht nicht nur aus Zahlen und Bilanzen. Ihr Yankees macht es zu einer Rechnung. Das wird einmal eine schlimme Zeit, in der Geld und Erfolg mehr wert sind als Phantasie und Stolz."

„Yeah, das glaube – ich jetzt auch, Jim. Ich habe in diesen Wochen verdammt viel dazu – gelernt." Matt Larkin stemmte die Füße gegen den Boden und richtete sich auf. Gekrümmt blieb er stehen, und seine Brust wogte. Die geringste Anstrengung rief Atemnot hervor. Nach einer Weile begann er zu gehen. Auf die Berge zu.

Als sie am Mittag die Fundamente des Höhenzuges erreichten, war Matt Larkin am Ende. Zwischen trockenen Yucca-Stauden, die einen kleinen Hügel wie wirr in den Boden gesteckte Zaunpfähle bedeckten, sank er zu Boden. Er trank zwei Becher voll Wasser leer, schloß die Augen und kämpfte um jeden Atemzug.

Jim Baker ging ein schmales Tal hinauf, das in einem Hohlweg endete. Nach einer Stunde kam er zurück.

„Matt!“ rief er, und Larkin öffnete blinzelnd ein Auge. „Ich habe die Wagenspur gefunden, wir sind auf dem richtigen Weg. Quijotoa kann nicht mehr weit sein.“

„Und – wenn es gleich hinter – dem – Hügel – läge, – ich bin – fertig, Jim. Fix und fertig. – Hier wimmelt es von Klapperschlangen – da auf dem Stein – haben zwei gelegen. Ich – wußte gar nicht, daß ihre Augen – grün sind. Grün wie frisches – Wyoming-Gras.“ Jetzt erst erblickte Jim Baker das Bowiemesser, das Matt Larkin in der Hand hielt. „Geh jetzt allein, Jim. Holt mich ab.“

Jim Baker hob den Deputy hoch und trug ihn zu einer schattigen Stelle. Als er Larkin an einen Felsen lehnte, stob aus einem Schlitz im Boden ein horngepanzertes Ungeheuer heraus auf Larkin zu. Der stieß mit dem Bowiemesser zu, verfehlte das Tier, ein Schuß krachte, und die schwere Kugel wirbelte das steingraue Tier von den Beinen.

„Ein Gila-Monster.“ Baker packte das etwa einen Meter lange Echsenmonstrum, das wie die Verkleinerung eines urweltlichen Sauriers aussah, an einem Bein und hieb ihm mit einem Streich des Bowiemessers den Kopf ab. „Das ist die einzige sichere Art, so ein Vieh zu töten“, meinte er. „Paß auf, Matt, was ich gesehen habe, sieht nicht danach aus, als gäbe es auf dieser Seite eine Quelle. Hier ist kein einziger grüner Fleck. Quijotoa muß auf der anderen Seite liegen. Die Wagenspur führt scheinbar zu einem Paß hoch. Wir müssen heute noch rüber.“

Als er Larkin über seine Schulter legen wollte, sträubte der sich. Baker hielt ihm die geballte Faust vor die Augen und drohte: „Willst du, daß ich dir jetzt eins auf deine verdammte Nuß gebe?“

„Geh allein – geh allein!“ stieß Larkin hervor.

Jim Baker hing sich das Seil des Wasserbalges um den Hals. Als er Larkin auf der Schulter liegen hatte, blieb sein Gewehr und ein großer Teil der Munition am Boden liegen. Jim Baker schritt auf der gut im boraxhaltigen Gipsboden sichtbaren Wagenspur entlang. Allmählich stieg der Weg an, bis er schließlich zur steilen Steigung wurde. Immer wieder mußte Jim Baker Pausen einlegen. Als er endlich oben auf der Paßhöhe stand und Matt Larkin Wasser anbot, da grinste ihn der Deputy hohläugig an. Der größte Teil des Wassers lief an seinen Mundwinkeln wieder heraus und durchnäßte sein zerrissenes Hemd.

Matt Larkin hatte die Augen auf, als Jim Baker zurückkam.

„Matt!!“ rief Baker, „Quijotoa! Vom Rand des Plateaus aus kann man es sehen! Genau zwanzig Häuser! Los, komm hoch, du mußt es sehen. Es ist nicht weit. Nur dreihundert Schritte.“ Er bückte sich, um Larkin auf die Beine zu helfen, doch Larkin winkte mit einer schwachen Geste ab. „Sie liegen schon im Schatten! Sie haben die Lichter angemacht. Von hier oben sieht es wie eine

Spielzeugstadt aus. Der Abstieg ist flacher. Wir können in drei bis vier Stunden unten sein. Matt! Hörst du?"

„Sicher", murmelte Matt Larkin, „Quijotoa – zwanzig Häuser und Lichter – weil es – Abend ist..."

„Die Quelle muß irgendwo unten in einem Canyon sein. Ein kleiner Bach führt durch den Ort. Er versickert irgendwo dahinter im Sand. Sie haben sogar ein paar Bäume da unten." Jim Baker ließ sich neben Matt Larkin nieder. „Palo Verde und Chapparall-Eichen. Verstehst du mich, Matt?"

Larkin nickte. Sein Nasenrücken war messerscharf geworden. Die Lippen hatten die Farbe von grauem Lehm, den Hitze und Trockenheit gespalten hatte.

„Mensch, Matt, wir sind kurz vor dem Ziel. Mach jetzt nur nicht schlapp! Ich hüpfe mit dir runter wie ein Brautwerber zu seinem Mädchen."

„Du fühlst dich – nicht schlecht – wie, Jim?" murmelte Larkin.

„Es geht. So schlapp war ich noch nie in meinem Leben. Aber wir haben noch eine halbe Gallone Wasser. Die trinken wir jetzt, und dann geht's los."

„Yeah, Jim – dann – geht's – los", sagte Larkin. Er trank ein paar Schlucke, atmete stoßweise und sagte, als Baker ihn nach den Schmerzen fragte: „Nichts mehr – Jim, keine Spur – mehr davon. Sieh – nur, der Sonnenuntergang – wie Feuer auf – einem Leichentuch."

Jim Baker wischte mit den Fingerspitzen über seinen Bart. Er sah, daß Matt Larkin einen Nugget in der Hand hielt, diese Hand nun langsam hob und ihn gegen das Licht der untergehenden Sonne betrachtete.

„Nancy Dowles", sagte Matt Larkin tonlos, „sie ist – sehr romantisch. Sie hat immer von – den Gestirnen – gesprochen, von Fernrohren und – fernen Welten. Versteht du – das, Jim, da draußen soll es – ihrer Meinung nach – unter den Sternen – Planeten geben, die wie – unsere Erde sind – mit Erdteilen, Meeren – und Menschen wie – wir, Jim! Verstehst du das?"

„Ist schwer zu verstehen."

„Weißt du. Jim – die Gila, die ist – doch wie so ein – Stern. Ist gar nicht – als ob man auf – dieser Erde sei – in Amerika, das ist – wie auf dem – Mond oder so. Wenn ich – an Jerome und Phoenix – denke, und an Hamp Carruther und Nancy und – an Johnny – das ist so weit weg – wie ein Stern und – so viele Jahre, daß – ich nicht mehr weiß, wie Carruther überhaupt – ausgesehen hat."

„Ein großer Mann mit einer hängenden Schulter", sagte Jim Baker. „Er hatte immer eine Zigarre im Mund ..."

„... ein schwarzes – Zigarillo mit – Sumatradeckblatt."

„Durst, Matt?"

Larkin schüttelte den Kopf. Das einzige, was sich an ihm bewegte, waren seine Augenlider. Er starrte nach Osten, wo der Himmel dunkel geworden war.

„Dieser Abend ist – wie ein dunkles Tuch – das man über – einen Toten zieht."

Jim Baker trank einen Becher Wasser leer. Er kaute Fleisch. Und Larkin sagte matt: „Und dann deine – Verletzungen im Rücken – das verstehe ich auch nicht ... Du sagtest, daß du dich geschämt hast! – Hah – geschämt."

Jim Baker hatte sich eine Zigarette gerollt, sie zwischen die Lippen gesteckt und angezündet. Er blies den Rauch durch die Nase. Er sagte:

„Die Geschichte ist einfach. Da gab es einen Mann

in Fort Concho, Philip McAlester. Der war einem anderen im Wege. Ich nahm den Auftrag an, als ich in Doans Store am Red River gerade einkaufte. Zweitausend Dollar. Der Mann, Buck Miller, zeigte mir Zeitungen aus Fort Concho. McAlester hatte ihn mit verdammt unsauberen Methoden aus dem Frachtgeschäft geboxt, sich selber zum Sheriff und Richter gemacht und Millers Sohn für zehn Jahre ins Staatsgefängnis Laredo geschickt. Ich ritt nach Fort Concho, stellte McAlester in einem Saloon zur Rede und erschoß ihn. Das war alles in Ordnung. Aber dann erzählten mir die Offiziere der vierten Kavallerie, daß Buck Miller mir eine Zeitung gezeigt hatte, die von ihm selber gedruckt worden war. Die Wirklichkeit sah anders aus. Millers Sohn hatte McAlesters Sohn erschossen, und zwar von hinten. Aber weil McAlester Sheriff und Richter war, wollte er dem Mörder seines Sohnes nicht die Höchststrafe verpassen, schickte ihn also wegen Mordes zweiten Grades für zehn Jahre ins Gefängnis. Die Leute von Fort Concho trieben Miller und seine Söhne mit Hunden aus der Stadt."

„Übel, Jim – sehr übel."

„Well, in Lincoln City in Neu Mexiko hörte ich, daß McAlesters Frau hinter mir her war."

„Seine Frau?"

„Yeah, eine Irin. Ich bin zwei Jahre vor ihr davongelaufen. Dann hat sie mich schließlich oben am Rio Verde erwischt."

„Eine Frau", murmelte Matt Larkin, „jetzt verstehe – ich das. Die Welt ist gerecht – was, Jim?"

„Yeah, manchmal! Noch einen Schluck Wasser, Matt?"

„Yeah, aber Durst habe – ich auch – keinen mehr."

Larkin trank, und diesmal lief nichts daneben. Der Himmel verdunkelte sich immer mehr. Es wurde empfindlich kühl. Jim Baker blieb neben Larkin sitzen, und seine Gedanken kreisten um einen kleinen Ort, weit im Osten hinter der Wüste, in Texas, um ein zweistöckiges Haus aus gelbem Flußkalkstein und um ein Mädchen, das seine Frau war. Er wußte, daß Matt Larkin an Nancy dachte. Die Hand des Deputys ruhte auf dessen Beinen, und der große Nugget leuchtete fahl. Zwichen den topfartigen Felsen des Passes begann es zu rascheln und zu rieseln, aber diese Geräusche wurden übertönt durch das rasche pfeifende Atmen Larkins.

Nach einer Weile erhob sich Jim Baker und ging zum Ostrand des Hochplateaus. Er schaute zur Ebene hinunter. Die zwanzig Häuser von Quijotoa waren nur noch schattenhaft zu erkennen, die gelbroten Fenster leuchteten wie die Augen von kleinen Tieren. Vier Rauchsäulen stiegen träge und schmal auf und hatten sich in Bakers Höhe zu einem dunklen Rauchschleier zusammengeballt, der ganz langsam auf ihn zukam.

Jim Baker ging zurück, rieb die Hände aneinander und sagte zu Matt Larkin: „Paß auf, Matt, ich trage dich jetzt runter!“

Larkin antwortete nicht. Sein Blick war auf Jim Baker gerichtet, und der Widerschein des Himmels schimmerte darin.

„Wenn sie auch wahrscheinlich keinen Arzt da unten haben – so gibt es doch Betten. Und gegen Fieber und Schmerzen gibt es so allerhand, was man tun kann. Der Ort ist so nahe, daß ich den Wasserbalg liegenlasse. Paß auf, in drei Stunden sind wir unten. Und was das Gold betrifft, du wirst bald so viel Gold haben, daß du nach

Chicago oder Philadelphia gehen kannst. Die machen jetzt feine Handprothesen, bei denen man sogar die Finger bewegen kann."

Jim Baker bückte sich nach dem Wasserschlauch, goß einen Becher voll Wasser, trank ihn halb leer und ging zu Larkin.

„Da, den kleinen Rest noch, und dann soll der Teufel die Gila holen." Jim Baker lauschte dem Klang seiner Worte nach.

„Laß mich hier", sagte Larkin mit leiser Stimme. „Geh runter. Sie können ja dann einen Wagen schicken."

„Wir werden jetzt gehen, Matt. Sagen wir – in einer halben Stunde."

„Ich bin fertig, Jim."

„Das sehe ich. Aber so fertig ist kein Mann, daß er nicht schlucken kann, wenn man ihm einen Löffel Suppe in den Hals gießt."

Eine halbe Stunde später stand Larkin auf flatternden Beinen. Jim Baker stützte ihn, und es ging bergab, den schmalen Wagenweg hinunter. Nach einer Stunde lud sich der Texaner den Deputy auf die Schulter wie einen Sack.

In den Bergen war Coyotengeheul zu hören.

Erst während des Abstiegs merkte Jim Baker, wie erschöpft er war. Und dann stand er plötzlich vor einem kleinen, silbrig glitzernden Rinnsal, das aus einer senkrechten Felswand kam und seinen Weg kreuzte. Das Wasser war eiskalt. Er tauchte die Hände hinein und schaute wieder zurück nach oben.

Das Rinnsal wurde zum Bach, der durch ein niedriges Tal genau auf die gelben Lichter Quijotaos zufloß. Überall zwischen dem Geröll befanden sich kleine Zelte, war die Erde durch Pflöcke und Seile in kleine Claims eingeteilt, standen hölzerne Long-Toms herum, steckten Schaufeln und Pieken im Boden, türmte sich taubes Gestein, sah er Goldwaschpfannen neben Holzfässern und Blechtöpfen liegen. Dunkle Flecken bedeuteten erloschene Kochfeuer.

Das erste Haus war ein niedriger Steinschuppen ohne Dach, in dem schwere Studebaker-Transportschoner standen. Irgendwo tönte das schrille Kreischen einer Fidel durch die Stille, irgendwo waren rauhe Männerstimmen zu hören. Eine Tür schlug zu.

Jim Baker kam an einem Bau vorbei, in dem hinter zwei hellerleuchteten Scheiben Glas ein kleiner Mann mit einem schütteren grauen Bart an einer Druckpresse hantierte. Auf einem Schild über dem Hauseingang erkannte er die Worte: „*Quijotao Prospector,* die Zeitung für Fortschritt und was danach kommt."

Jim Baker stolperte mit dem Bewußtlosen Deputy auf der Schulter über die von Wagenspuren zerfurchte Straße. Er spürte das Gewicht seines Revolvers wie einen Zentner an seiner Hüfte. Die Kälte drang durch die Fetzen seiner Kleidung. Vor einem Fenster eines unbeleuchteten Hauses blieb er stehen und erkannte die Umrisse einer zerlumpten Gestalt. Er trat näher, bis er das Gesicht dieser Gestalt erkennen konnte. Im Hause tickte leise eine Uhr. Jim Baker sah ein Gesicht, das nur noch aus Haut und Knochen, schwarzen Augenhöhlen und einem Mund bestand, durch den man die Umrisse der Zähne schimmern sah. Das Hemd waren Fetzen, die Hose waren Fetzen. Die Schnalle des Revolvergürtels schien das einzige an dieser Gestalt zu sein, die unversehrt hell und blank schimmerte.

Minutenlang starrte Jim Baker sein Gegenüber in der schmutzigen Glasscheibe an. Dann drehte sich mißtönend eine Tür in Scharnieren, ein kleiner Mann mit Schnauzbart trat aus dem Hause hervor auf die Straße, hielt die flache Hand über die Augen, starrte eine Weile ins Dunkel und sagte dann:

„Heh, Mann, wer sind Sie! Wo kommen Sie her?"

Jim Baker ließ den schlaffen Körper des Deputys langsam zu Boden gleiten. Er sagte etwas, das der kleine Mann nicht verstehen konnte. Dann stürzte der kleine Mann herbei, als Jim Baker langsam in den Knien einsank, die Hände auf den Boden stützte und sich dann langsam zur Seite neigte. Als der Mann Baker erreichte, lag Baker im Staub und hatte das Bewußtsein verloren.

Der kleine Mann begann zu schreien. Aus den Häusern stürzten Männer hervor, die die am Boden Liegenden umringten.

„Mann, die sehen vielleicht aus", sagte eine Stimme, und eine breitschultrige Mexikanerin mit einem tiefen Männerbaß bahnte sich einen Weg durch die Menschen wie der Räumer einer Lokomotive.

„Por dios! Weg da, Hombres. Diese Americanos sind fertig – finito. Bringt sie in mein Haus. Stier nicht so dumm, Pedro. Chavito, Junge, du packst an den Beinen an. Los jetzt – holt den Medico! Rasch! Seht ihr nicht diesen Arm ohne Hand! Rasch!"

Epilog

Es war purer Zufall, daß sich Dr. Eusebio Vaca aus Tucson in Quijotoa befand. Ein Patient hatte ihn vor einer Operation in Tucson mit einer „Claim Bill“ bezahlt und war dann gestorben. Nun wollte der Arzt sehen, ob er Nuggetmillionär geworden war. Alles, was er auf „seinem“ Claim fand, waren zwei Dutzend Klapperschlangen, die sich offenbar recht wohl fühlten.

Als er Larkins Arm betrachtet hatte, schüttelte er den Kopf. Er schaute Señora Effaula Peralta an.

„Wenn ich amputiere, stirbt er am Blutverlust. Wenn ich nicht amputiere, stirbt er am Brand.“

„Dann amputieren Sie“, herrschte ihn die Mexikanerin an.

Matt Larkin erwachte auch während der Amputation nicht aus seiner tiefen Ohnmacht. Doña Effaula pflegte die beiden Männer, und dann kam der Tag, an dem Jim Baker die Augen aufschlug, ihm Doña Effaula Fleischbrühe einflößte und ihn „Muchachito“ nannte.

Und knapp eine Woche später schauten Matt Larkins graue Augen in das breite Frauengesicht mit der behaarten Oberlippe und den zwei Reihen blendend weißer großer Zähne, zwischen denen es hervorsprudelte:

„Buenos Dias, Muchachito mio! – Seht da, der Diablos Americano hat Augen wie aus Stein. Willkommen, Muchacho. Hah, seht nur, wie wachsam er ist. Du wirst jetzt wohlauf, Señor. Warte, Señor, dein Freund wird bald hier sein, warte nur. Nein, nein, nicht wieder einschlafen. Du hast drei Wochen geschlafen, das ist genug für einen Mann deines Kalibers. Sangre de Christo, Pedro! Peeedro! Geh, hol das Blauauge aus Texas! Sag ihm, daß der Einhändige erwacht ist! – Los, hüpf schon, sonst mach' ich dir Beine!"

Als Jim Baker das Zimmer betrat, saß Matt Larkin aufrecht im Bett, im Rücken einen Berg von blau-weiß karierten Kissen. Er starrte seinen dick verbundenen Arm an.

„Es fällt mir schwer, mich zu erinnern", sagte Matt Larkin, „aber jetzt habe ich es wohl zusammen. Du siehst verdammt gut aus, Jim."

„Mir geht es auch gut", sagte Jim Baker.

„Was machen wir mit dem Gold?"

„Ich dachte mir, daß du jetzt an Gold denkst. Ich denke, wir warten noch einen Monat. Der November ist günstig. In dieser Zeit bist du wieder wie neu."

„Und wie willst du die Sache in Jerome erledigen?"

„Gar nicht", erklärte Jim. Der alte Hump Carruther hatte einen Kopfpreis auf ihn ausgesetzt, ohne auch nur einen Gedanken daran zu verschwenden, zu hören, was er – Jim – zu sagen hatte. Jim verstand den Schmerz und den Zorn des alten Kampfhahns, aber er wollte ihn nicht mehr sehen. Als Jim etwas sagen wollte, sah er, daß Larkin wieder eingeschlafen war.

Nach weiteren vierzehn Tagen stand Larkin auf und kleidete sich an. Er trat hinaus auf die Straße und schloß geblendet die Augen. Er ging mit Jim Baker zum Saloon hinüber, wo eine erregte Menschenmenge diskutierte. Apachen hatten eine Gruppe Goldsucher, die in die Wüste hinausgefahren waren, um Untersuchungen anzustellen, bis auf den letzten Mann niedergemacht. Andere Männer sprachen davon, daß das Erdbeben Teile der Landschaft so verändert hatte, daß man abgesteckte Claims nicht mehr wiederfand.

Larkin schaute Jim an. „Erdbeben?“ fragte er.

„Du hast es verschlafen. Ein paar Töpfe fielen von der Wand, und alle Katzen sausten davon, als wäre der Leibhaftige hinter ihnen her. Nichts Wichtiges.“

Nach drei Wochen kauften sie vier Maultiere, eine Carreta und viel Munition und Proviant. Der Sattler von Quijotoa hatte Matt Larkin eine Eisenhakenprothese gemacht. Sie fuhren mit dem Wagen in die Wüste und kehrten nach zwei Wochen wieder zurück, den ganzen Körper voll Sonnenbrandblasen. Die Goldader war nicht mehr da, die Höhle war nicht mehr da, der Canyon hatte völlig anders ausgesehen. Sie blieben einige Tage in Quijotoa und ritten nach Tucson. Dort kaufte Jim Baker ein Pferd, und Matt Larkin fuhr mit der Kutsche nach Prescott.

Eines Tages im Frühjahr 1879 verkaufte Mrs. Baker in Texas ihr Haus und verschwand. In Kalifornien ließ sich Jim Baker mit seiner Frau nieder.

Dann, zwei Jahre danach, fuhr ein Mann von Yuma am Río Colorado nach Osten in die Gilawüste hinein. Und kehrte zwei Monate später mit geschlossenem Verdeck zurück. Es war Abend, als er den Wagen vor dem Haus des Direktors der City National Bank of Yuma stehenließ, den Mann vom Abendbrottisch auf die Straße holte, den Wagen in den Hof der Bank fuhr und begann, kleine Ledersäcke in die Bank hineinzutragen.

Als er damit fertig war, stand der Bankdirektor fassungslos vor zwei Millionen Dollar in purem Gold und stotterte:

„Wo, in aller Welt, haben Sie das her, Mister Baker?“

„Aus der Handschellen-Mine, Mister. Stellen Sie über die Hälfte einen Scheck aus.“

„Verrückter Name! Nie gehört. Handcuff-Mine – wirklich nie gehört. Wohin soll der Scheck überwiesen werden, Mister Baker?“

„An die Bank von Jerome, für Mr. Matt Larkin.“

„Und diese Handschellen-Mine, Mister Baker, würden Sie mir sagen, wo die ...“

„Nein, Mister, es gibt sie, das soll genügen. Gute Nacht, Mister. Vielen Dank für die Quittung. Und die sechs Pfund, die übrig sind, die gehören Ihnen.“ Jim Baker faltete seinen Scheck zusammen und steckte ihn ein.

Der Direktor, der das Gold gewogen hatte und dabei etwas großzügig mit den Gewichten verfahren war, wurde rot im Gesicht, lächelte nervös und verbeugte sich dann. Er reichte Jim Baker eine Quittung. Jim Baker band sein Reitpferd vom Wagen los, stieg in den Sattel und ritt davon. Der Wagen blieb in Yuma zurück. Und als man erfahren hatte, was damit gefahren worden war, kaufte ein findiger Barbier diesen Wagen, zerlegte ihn in seine Einzelteile und wusch diese sorgfältig in einer Badewanne aus. Als er den Goldstaub, der sich am Boden der Wanne abgesetzt hatte, in zwei Beutel verschnürte, wußte er, daß er ein feines Geschäft gemacht hatte.

Zwei Jahre danach wurde Matthew James Baker geboren, der 1908 von Kalifornien nach El Paso in Texas zog und dort 1909, nachdem er ein Jahr lang kreuz und quer durch Arizona auf den Spuren seines Vaters herumgeritten war, das Tagebuch dieses „Rittes in die Vergangenheit" veröffentlichte. Er druckte zweihundert Exemplare dieses 214 Seiten starken Büchleins. 1910 setzte aus Kalifornien, Arizona, New Mexiko und Nevada ein Run nach der sogenannten „Handschellen-Mine" ein. Als der Eisenbahnschaffner Horrace Gladley den Canyon und die vermauerte Höhle fand und eines Tages mit zwei schweren Beuteln Gold nach Tucson kam, waren wochenlang die Zeitungen voll von Berichten über Schießereien und Überfälle im Handcuff-Canyon. Dann aber geriet alles wieder in Vergessenheit, weil es kein Gold mehr gab. Die Ader war noch genau dreißig Zentimeter in die Rückwand der Höhle versenkt, dann brach sie ab, und es fand sich kein Körnchen Gold mehr im tauben Gestein.

Jim Baker starb am 27. März 1939 in Morena Park, Kalifornien, als Mann von 91 Jahren. Seine Tochter Cynthia Ann Baker ließ auf sein Geheiß hin auf dem Grab einen Marmorstein mit einer Inschrift von nur drei Buchstaben errichten. Und da steht er heute noch: „JIM".

Matt Larkin soll nach Cheyenne in Wyoming gegangen sein. Und die hübsche Lehrerin Lady Nancy mit ihm.

BIBLIOGRAPHIE

Jason Betzinez, I fought with Geronimo, 1956
Dee Brown, Fighting Indians of the Southwest, 1948
J. Ross Browne, Adventures in the Apache Country, 1864
Robert Glass Cleeland, This fighting breed of men, 1950
Edwin Corle, The Gila, 1951
Thomas Cruse, Apache days und after, 1941
Edward Everett Dale, Indians of the Southwest, 1949
Pierre Lejeune, Hommes, 1917
Frank C. Lockwood, Pioneer days in Arizona, 1932
Daniel Trembly MacDougal, Botanic features of North America deserts, 1908
Ann Axtell Morris, Digging in the Southwest, 1949
J. George Napkinholder, It's Poison, 1892
Frank L. Newton, Buffalo Hunt, 1952
Charles D. Poston, Apache Land, 1878
John C. Van Dyke, The desert, 1901
Weldon D. Woodson, Black Widow, 1945

„Quijotoa Prospector": Ausgaben vom 14. 10. 1878 – 21. 10. 1878 – 28. 10. 1878 – 4. 12. 1878 – 11. 12. 1878 – 18. 12. 1878
„Hillcrest Sun" vom 8. 10. 1878
„Mineral Park Alta" von 1882

Dr. Melville C. Ludwig (Privatmanuskript), San José del Bac, 1911
Brief von Bruce W. O'Neill an George St. John vom 21. 7. 1878

SPANNENDE ZUKUNFTSROMANE

aus dem Verlag Herder

metropolis zeit 24 uhr: präsident bellini dankt ab + smith greift nach der macht + menschenroboter auf der erde + ein auftrag für delta VII + weltraumpartisanen im kampf um menschlichkeit und gerechtigkeit + + +

Hinter dem Pseudonym **Mark Brandis** verbirgt sich ein bekannter deutscher Schriftsteller. Er veröffentlichte bisher in der Reihe „Weltraumpartisanen" folgende Bücher, von denen jeder Band ca. 200 Seiten umfaßt:

Bordbuch Delta VII
Alarm im Weltraum
ISBN 3-451-16133-8

Verrat auf der Venus
Flucht in den Weltraum
ISBN 3-451-16182-6

Die Vollstrecker
Terror im Weltraum
ISBN 3-451-16573-2

Testakte Kolibri
Experimente im Weltraum
ISBN 3-451-16574-0

Unternehmen Delphin
Machtkampf um das Weltall
ISBN 3-451-16273-3

Aufstand der Roboter
Duell im Weltraum
ISBN 3-451-16343-8

Vorstoß zum Uranus
SOS im Weltraum
ISBN 3-451-16514-7

Raumsonde Epsilon
Meuterei im Weltraum
ISBN 3-451-16762-X

Salomon 76
Verschwörung im Weltraum
ISBN 3-451-16763-8

Aktenzeichen: illegal
Menschenjagd im Weltraum
ISBN 3-451-17136-8

AUTHENTIC WESTERN

von C. S. Hagen bei Herder

Geheimauftrag
Die abenteuerliche Geschichte eines getarnten US-Kommando-Unternehmens im Schatten des Indianer-Winters 1875/1876.
ISBN 3-451-14856-0

Feuerrauch und Pulverdampf
Die abenteuerliche Geschichte eines erbitterten Kampfes um eiserne Meilen. Colorado 1878/1879.
ISBN 3-451-16054-4

Rebellion der Rebellen
Roman einer historischen Texas-Cowboy-Fehde.
ISBN 3-451-16167-2

Gebrandmarkt
Wie deutschstämmige Rancher und Cowboys 1875 in Mason County lernten, Texaner zu sein.
ISBN 3-451-16225-3

Der Mustangjäger
Rache und Freundschaft unter dem Gesetz der Wildnis.
ISBN 3-451-16258-X

Kopfgeld 20 000
Roman einer mörderischen Verfolgungsjagd durch die Wüste Gila.
ISBN 3-451-16259-8

Whiskey für Goldfield
Der dramatische Bericht über den Leidensweg eines Heimstätter-Trecks und das Ende eines Whiskeytransportes.
ISBN 3-451-16582-1

Todeskommando
Der wahre Bericht vom Schicksal des Rekruten Callaghan in den Indianerkriegen und von der legendären Wagenkasten-Schlacht.
ISBN 3-451-16583-X

Heiße Meilen
Ein Mann riskiert Kopf und Kragen, um acht Meilen Schienenstrang durch die Wüste zu bauen.
ISBN 3-451-16755-7

Der Millionenritt
Frühjahr 1866: Ein Mann wagt den längsten und gefährlichsten Rindertreck der amerikanischen Geschichte.
ISBN 3-451-16987-8